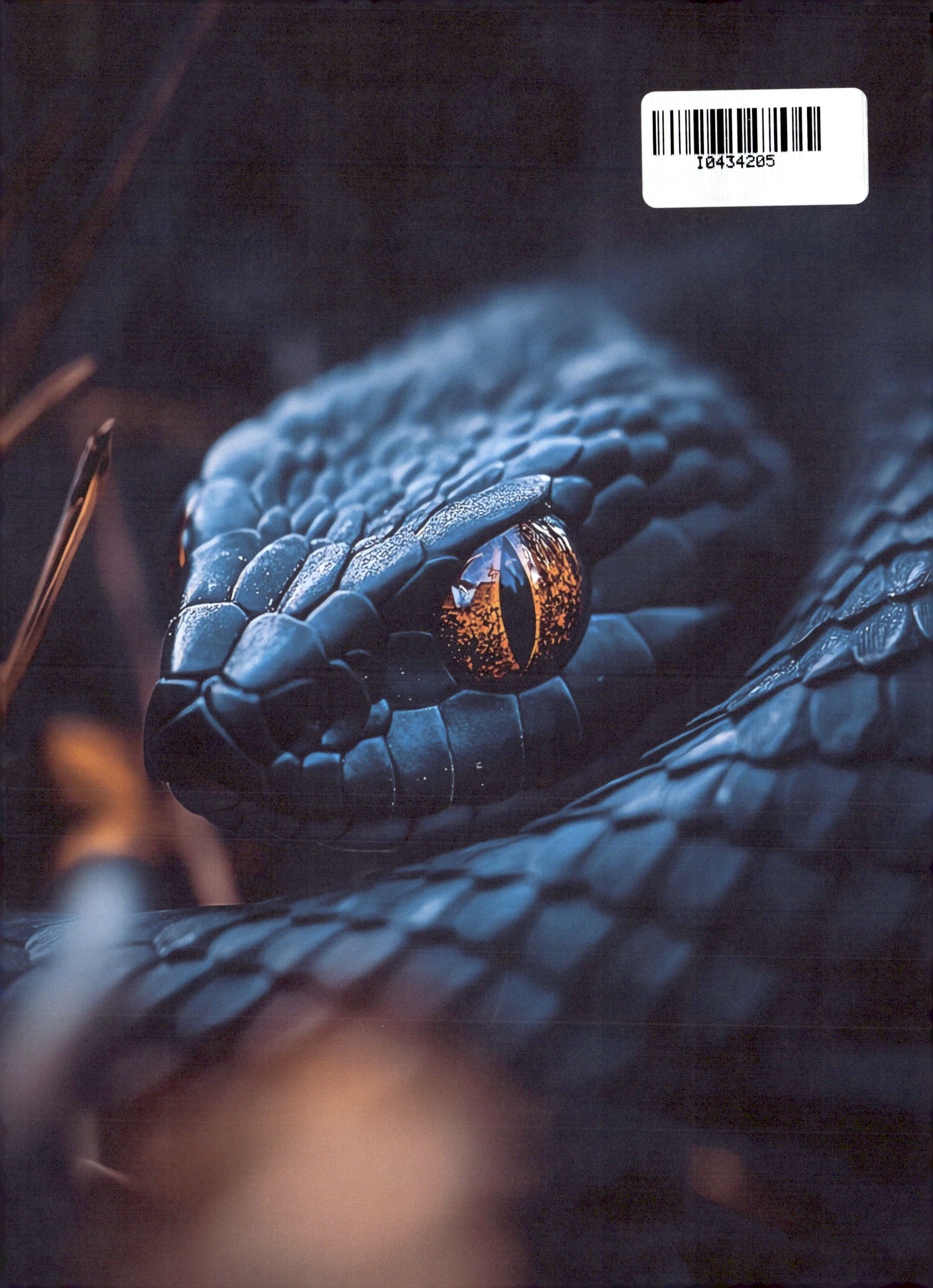

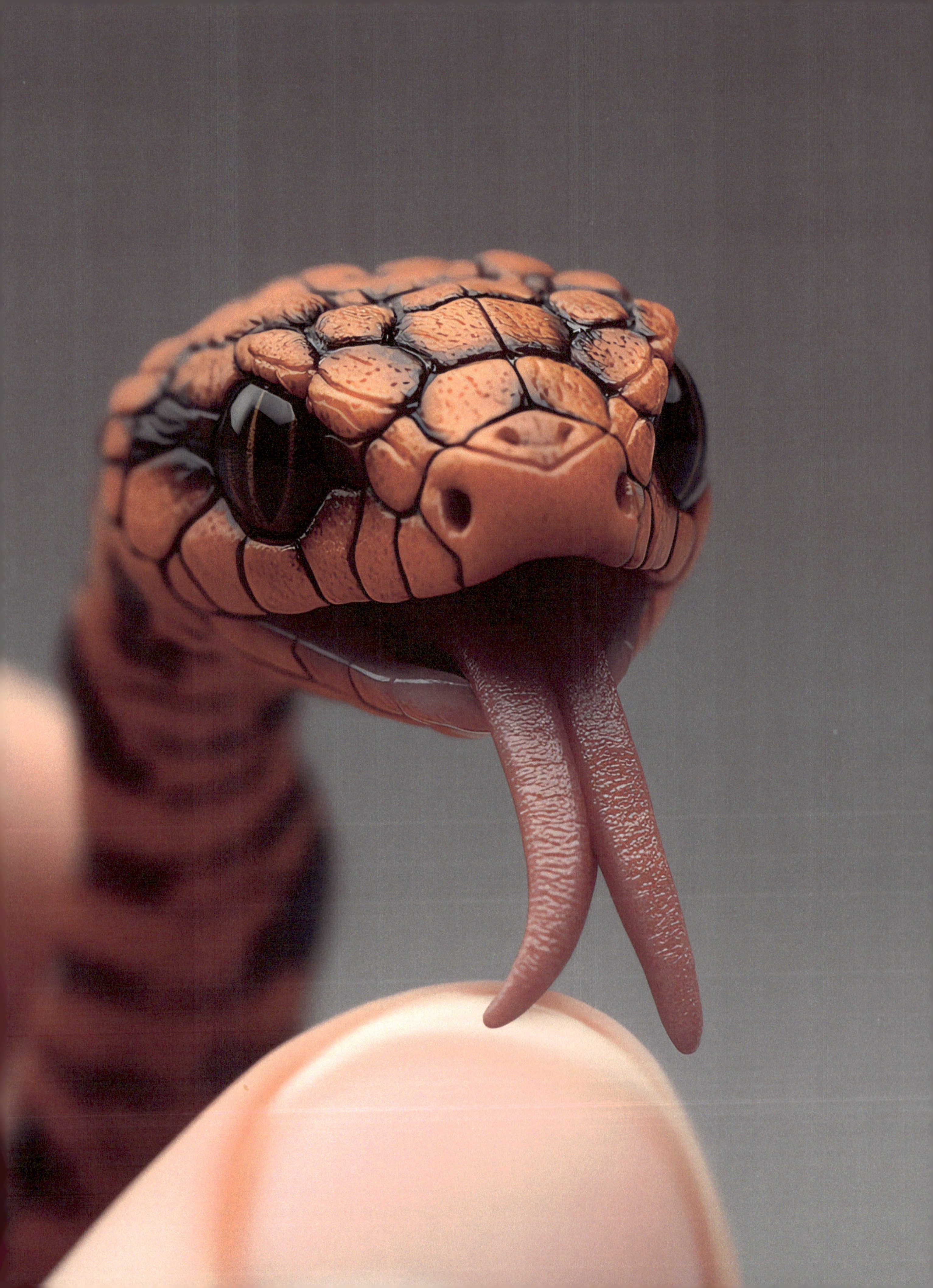

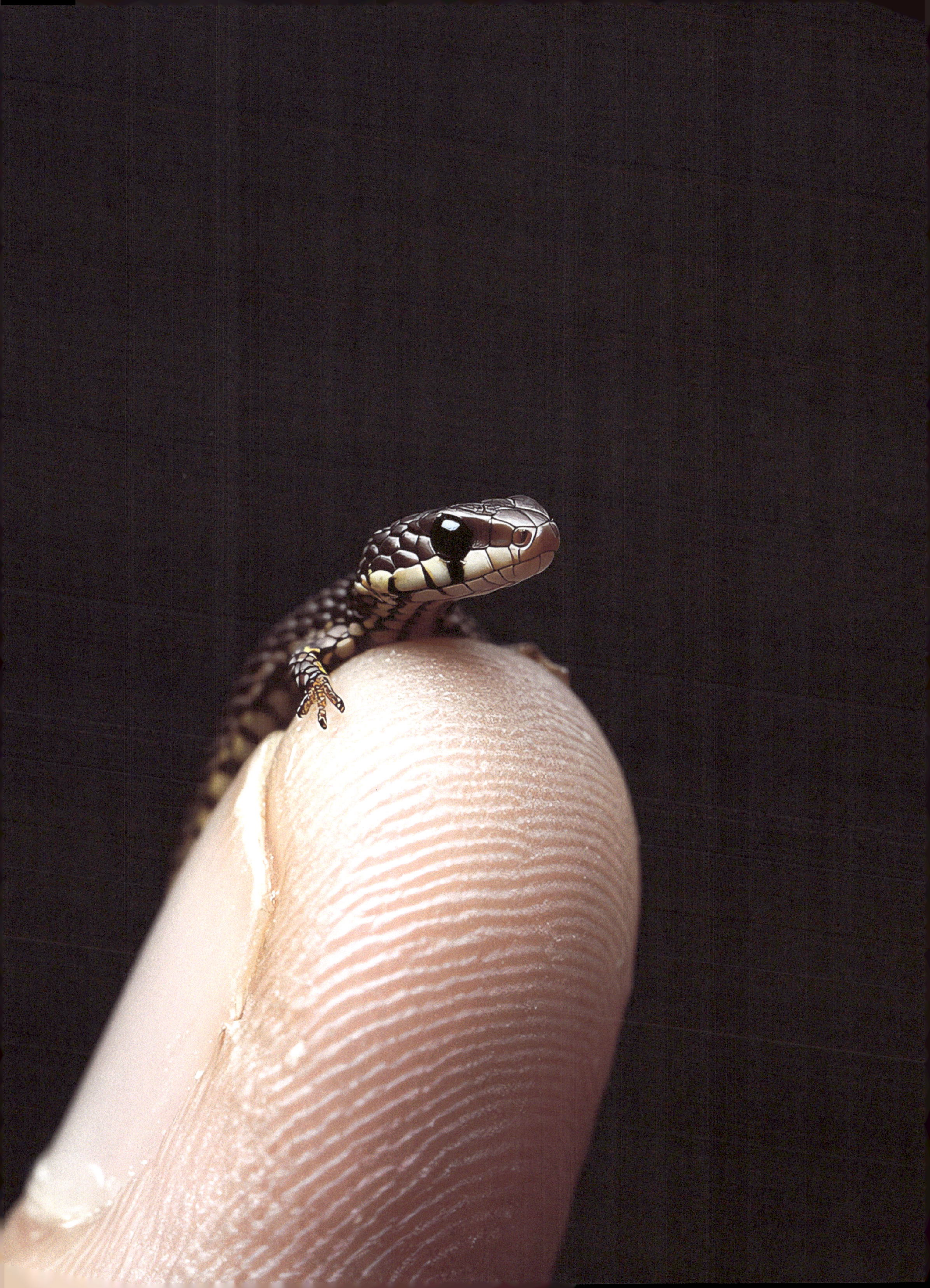

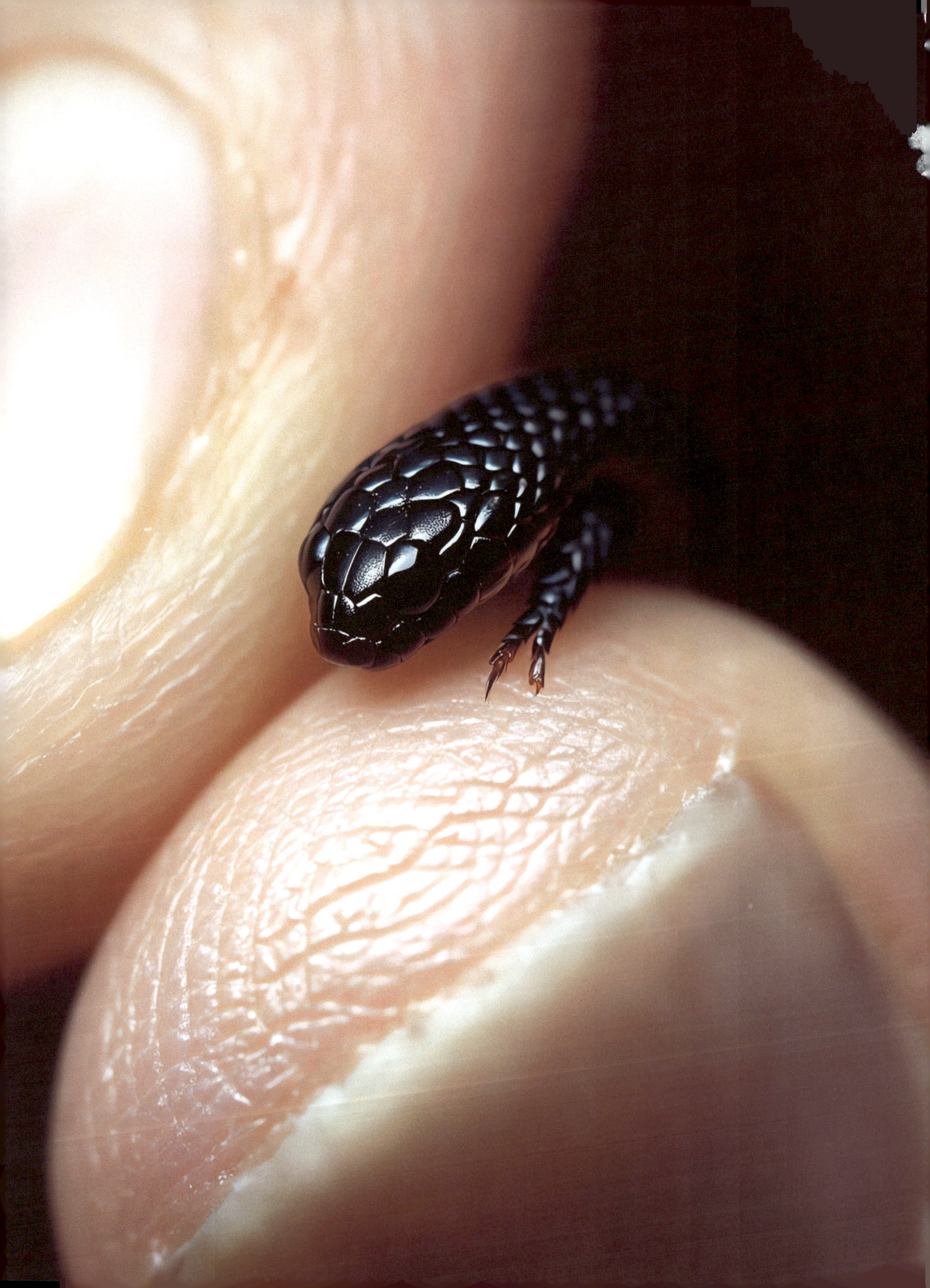

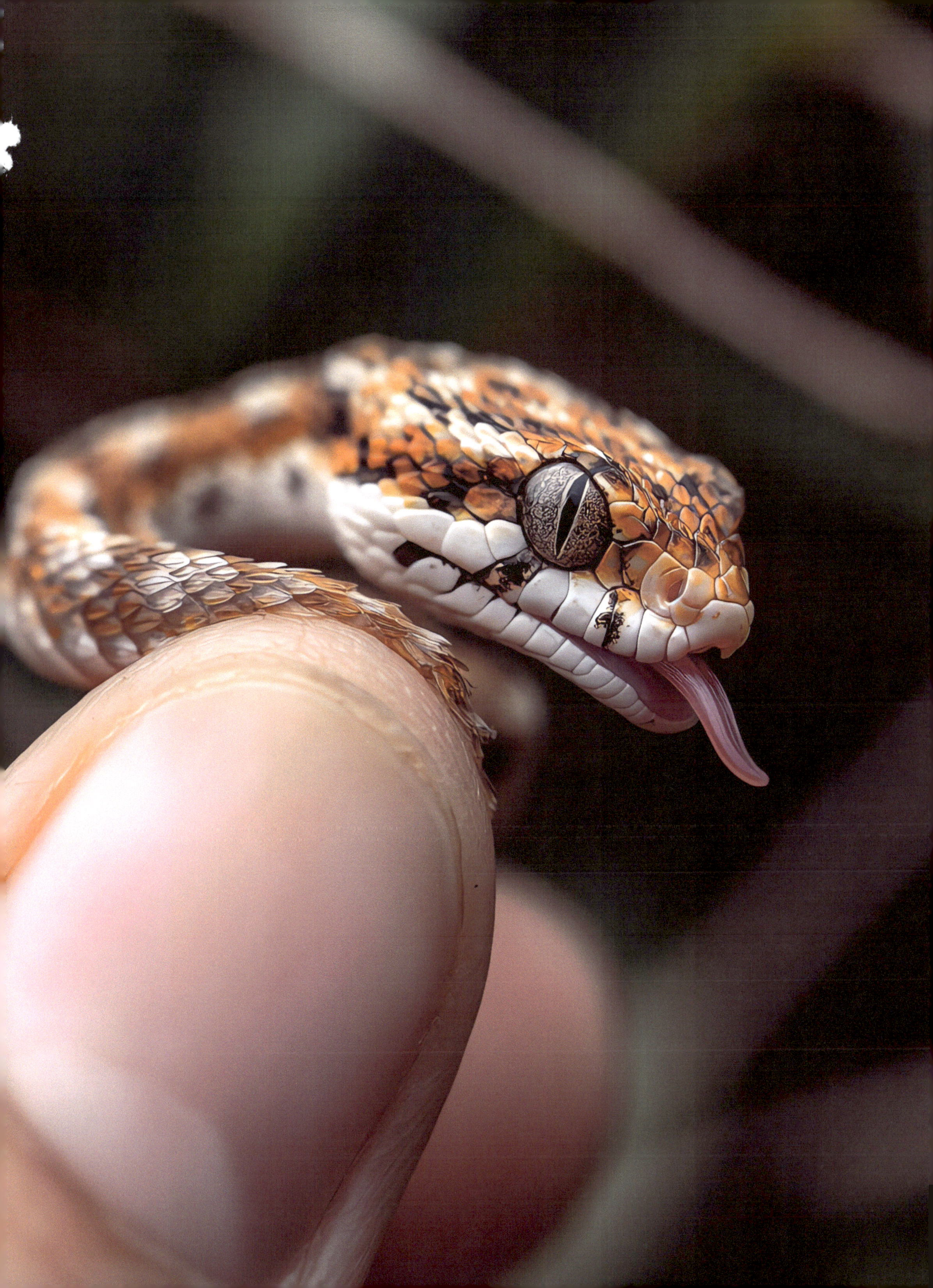

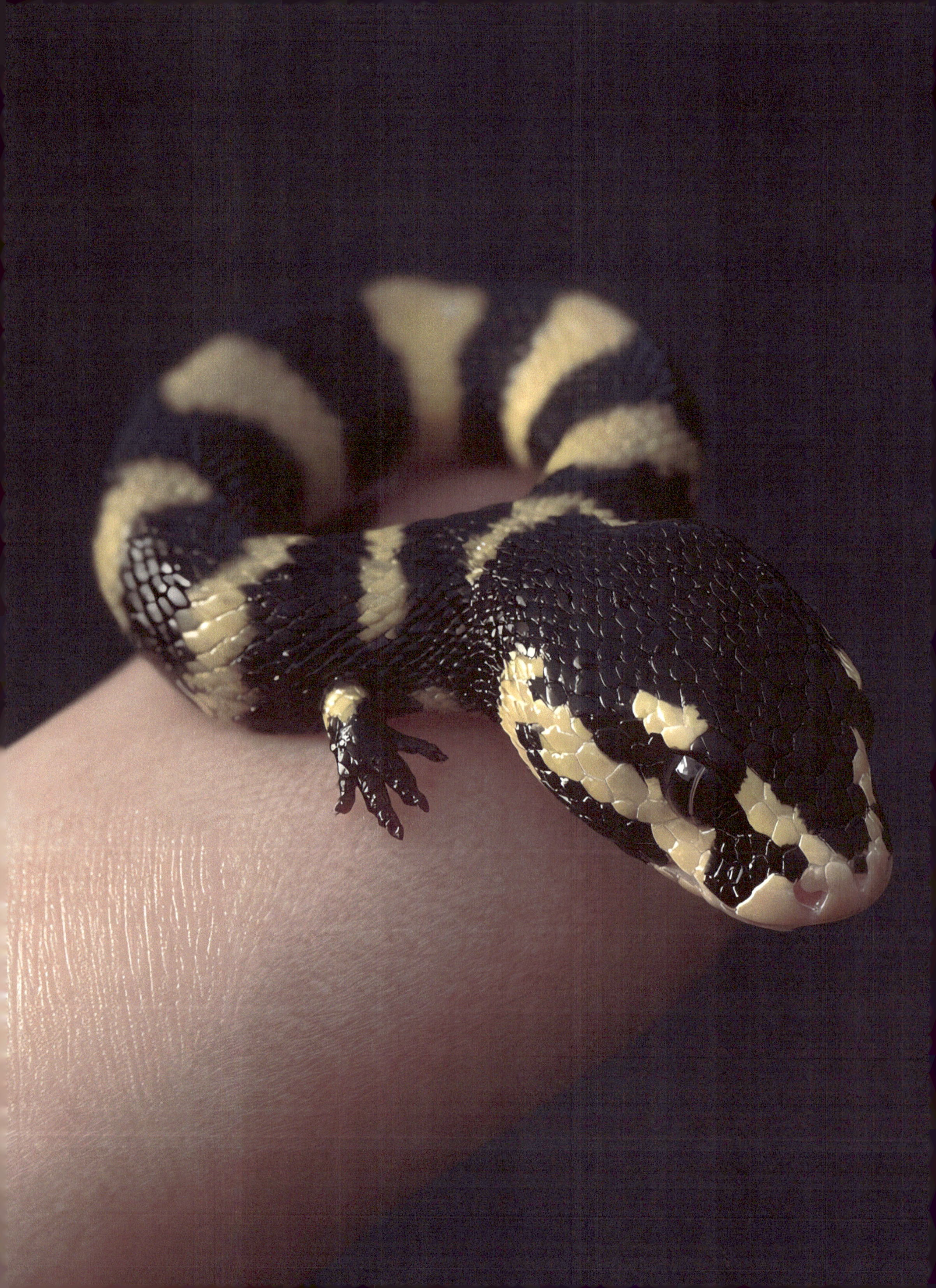

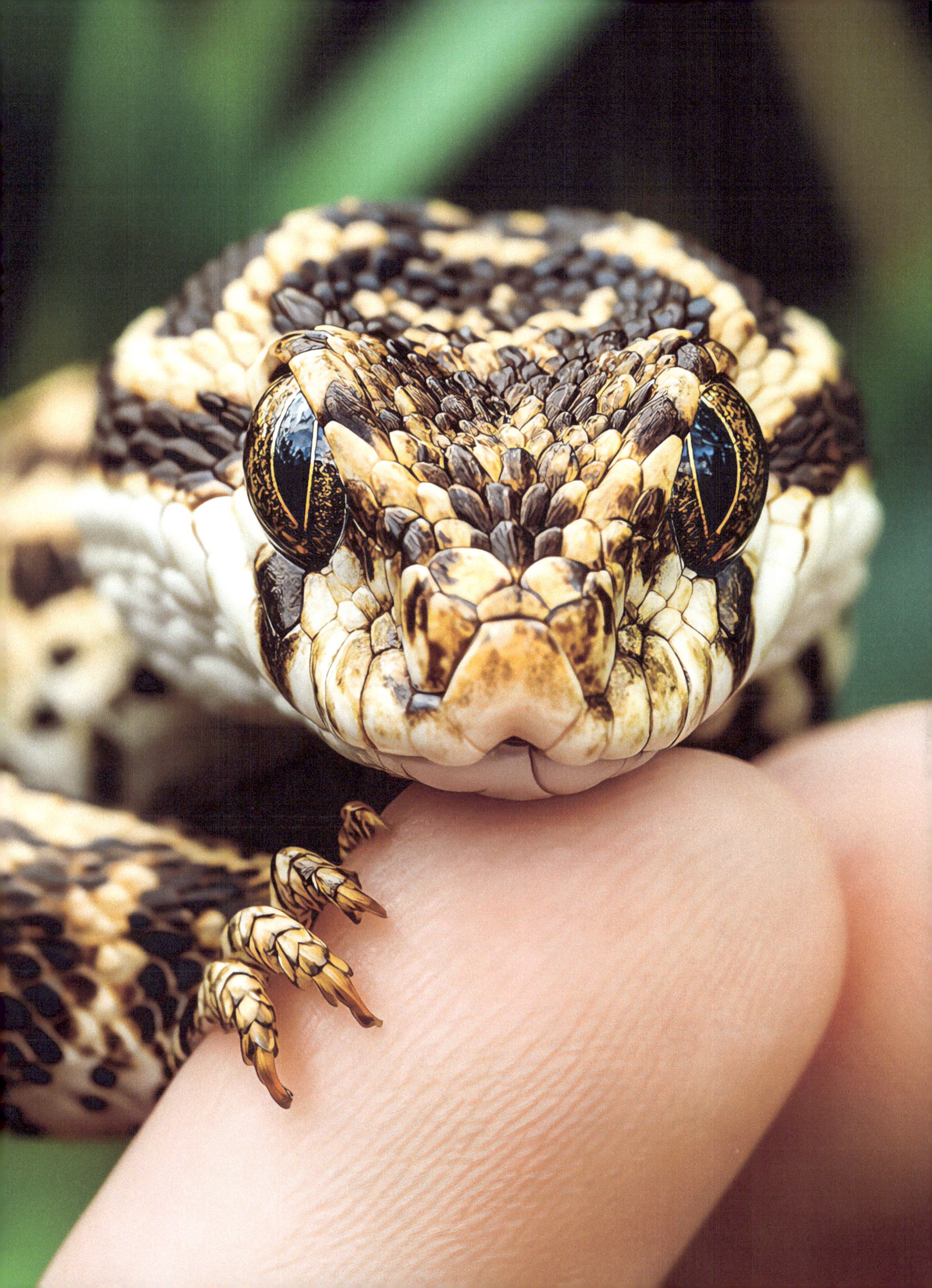

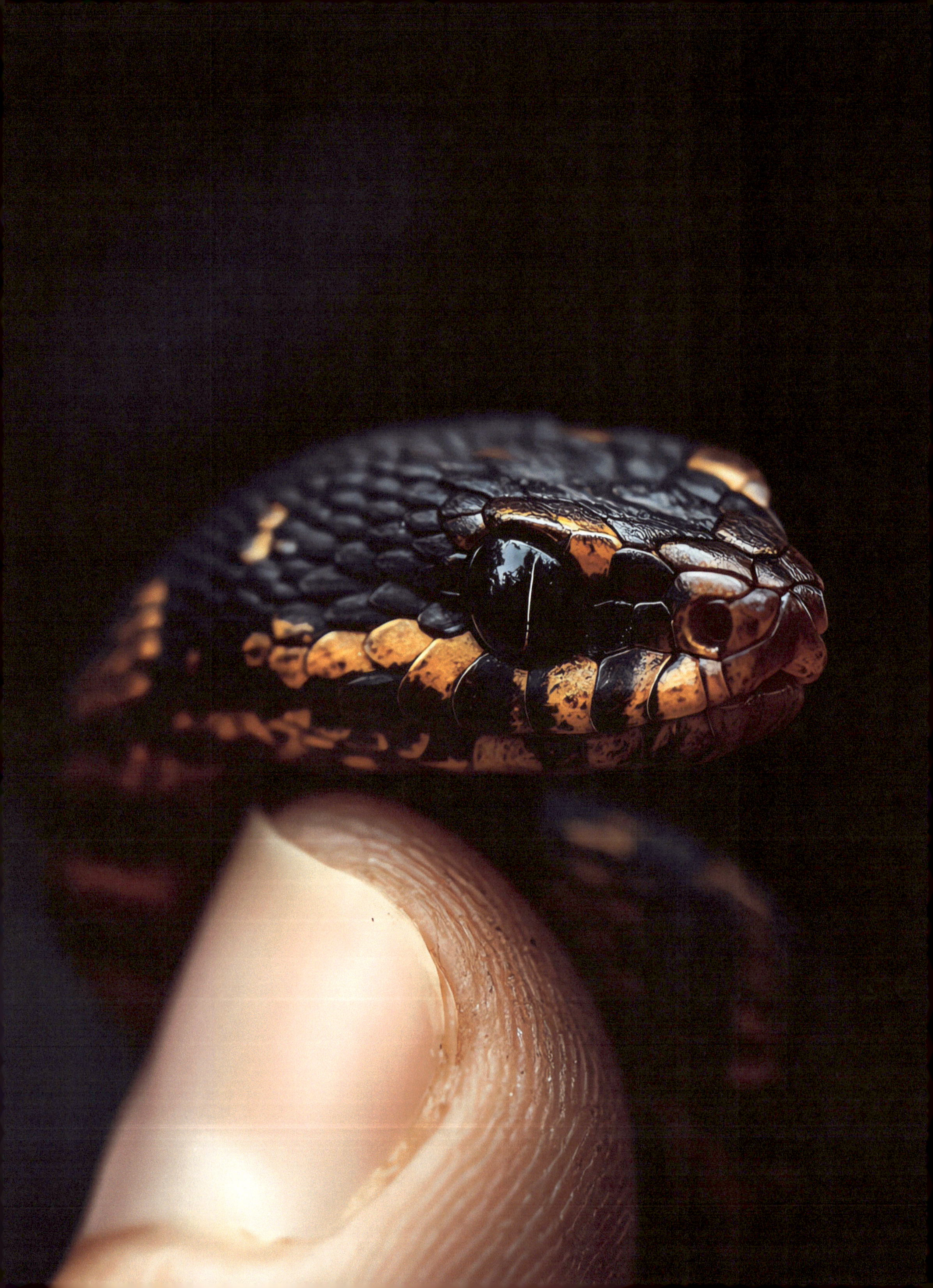

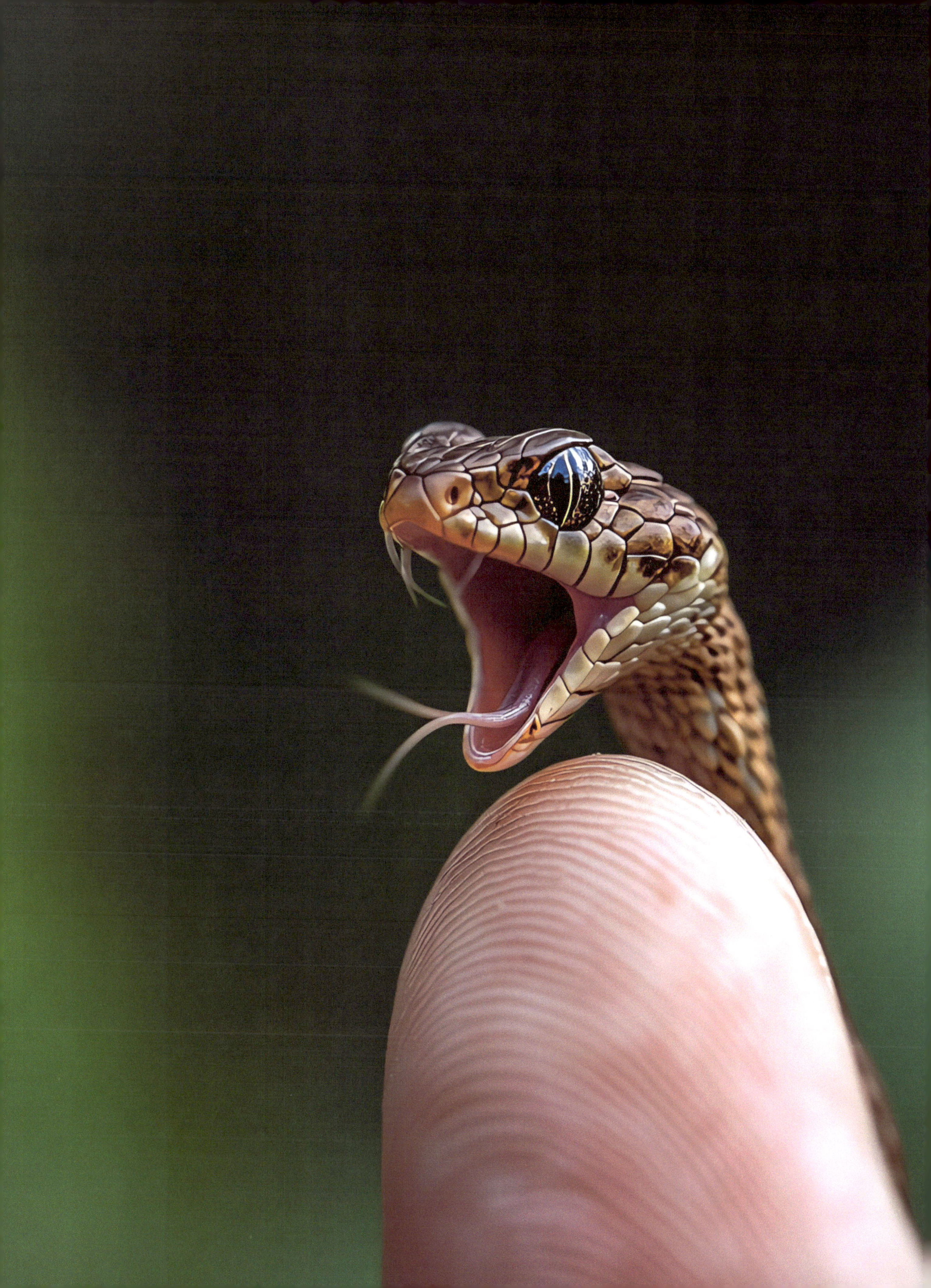

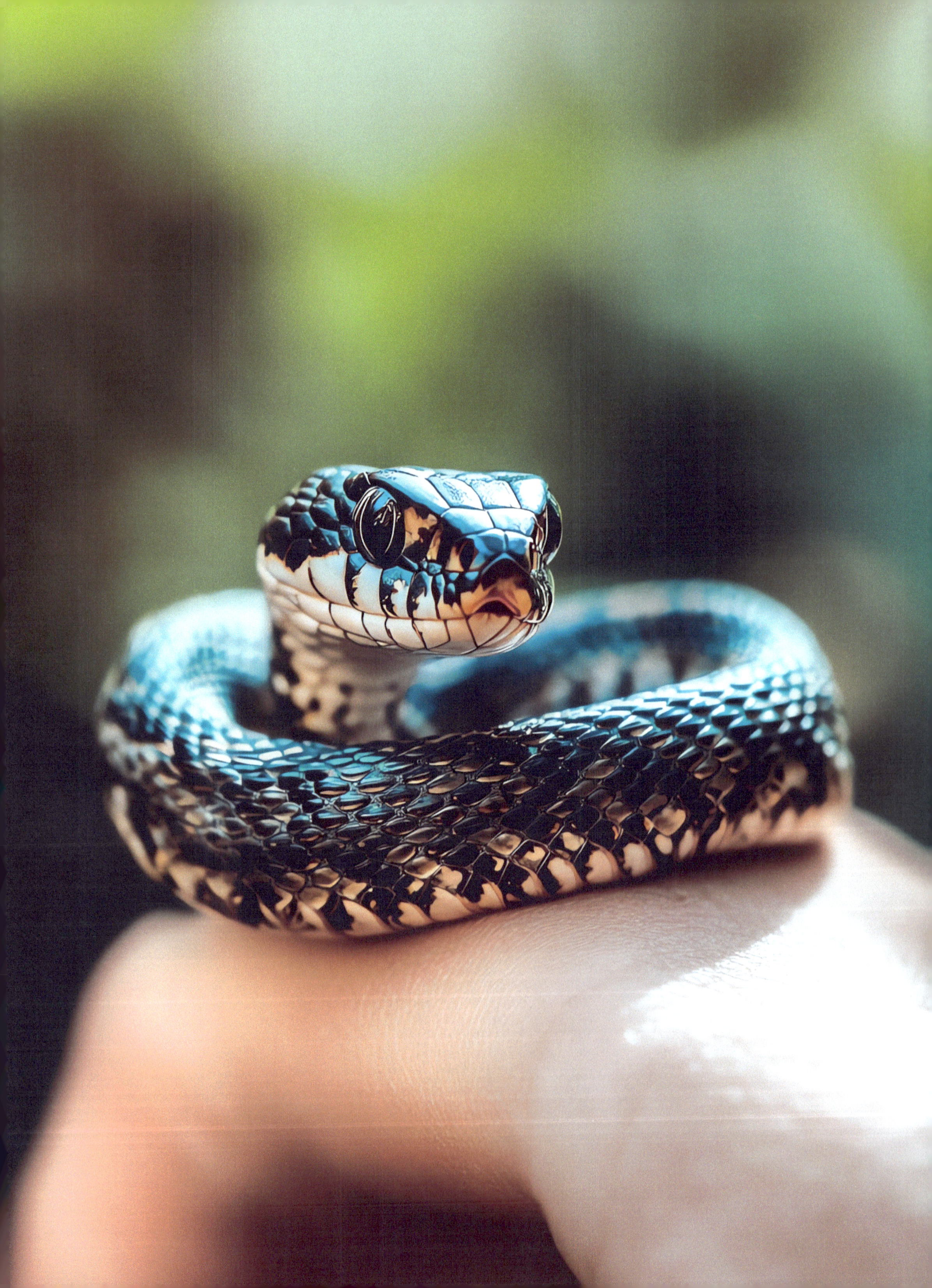

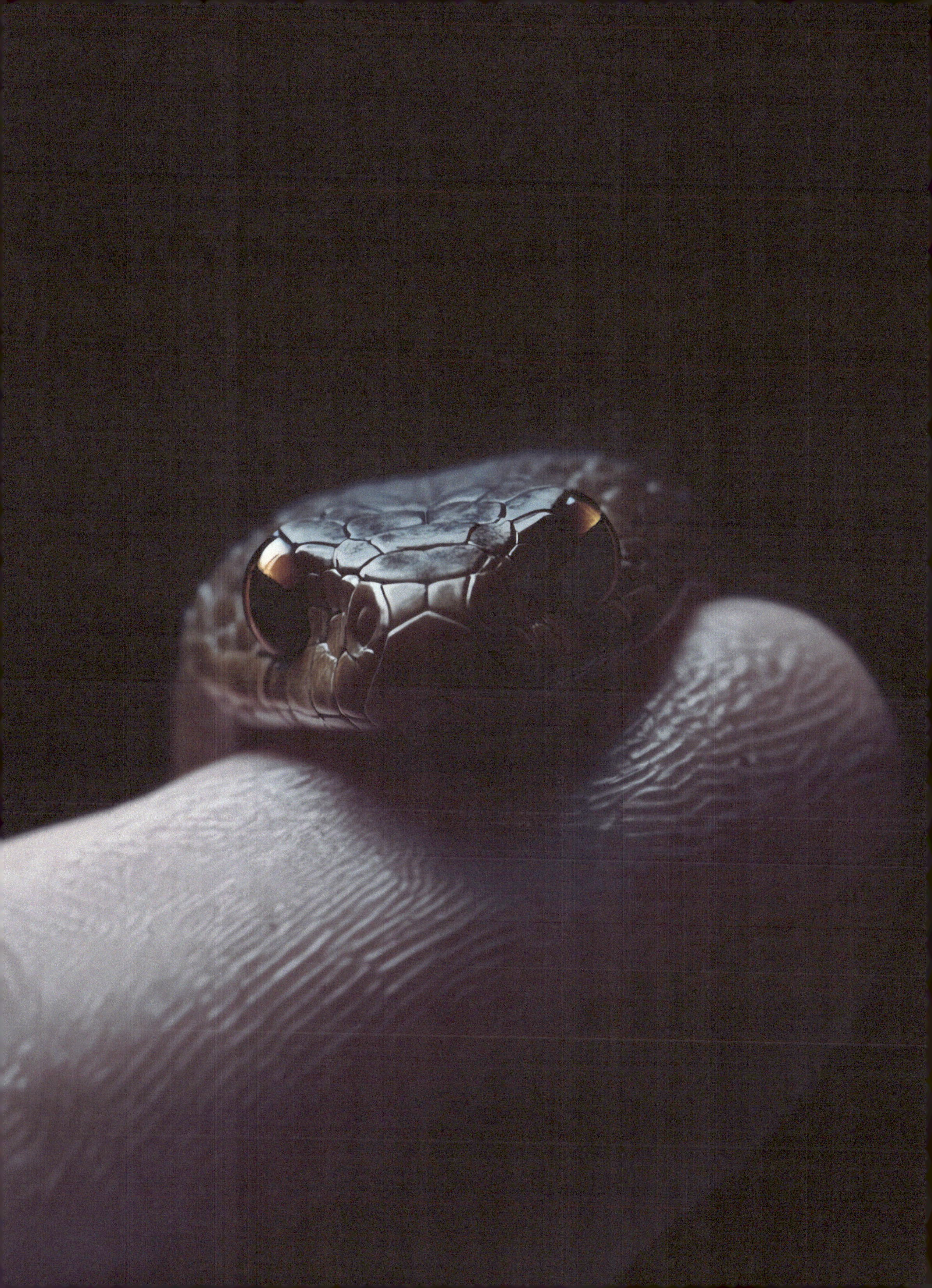

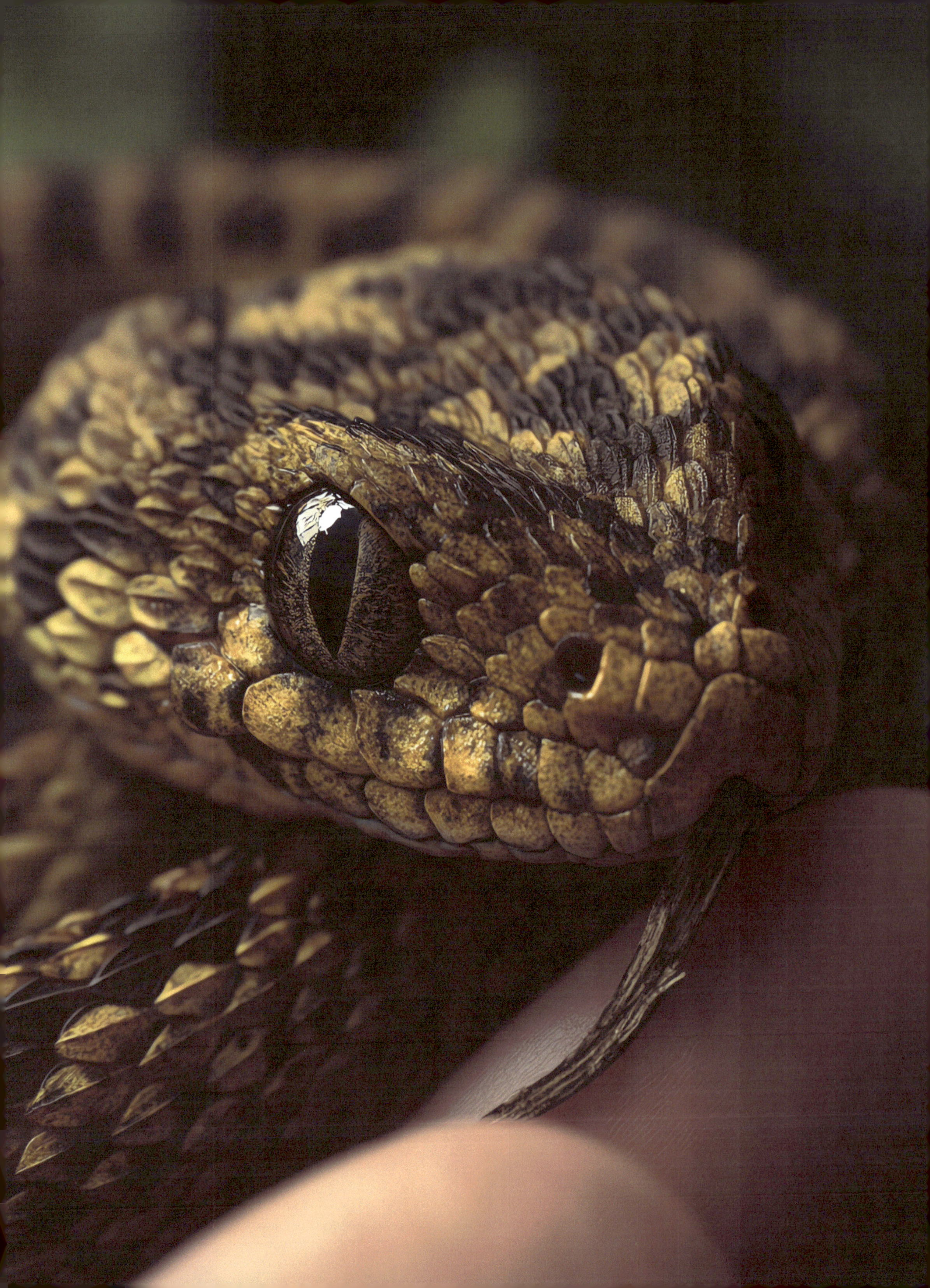

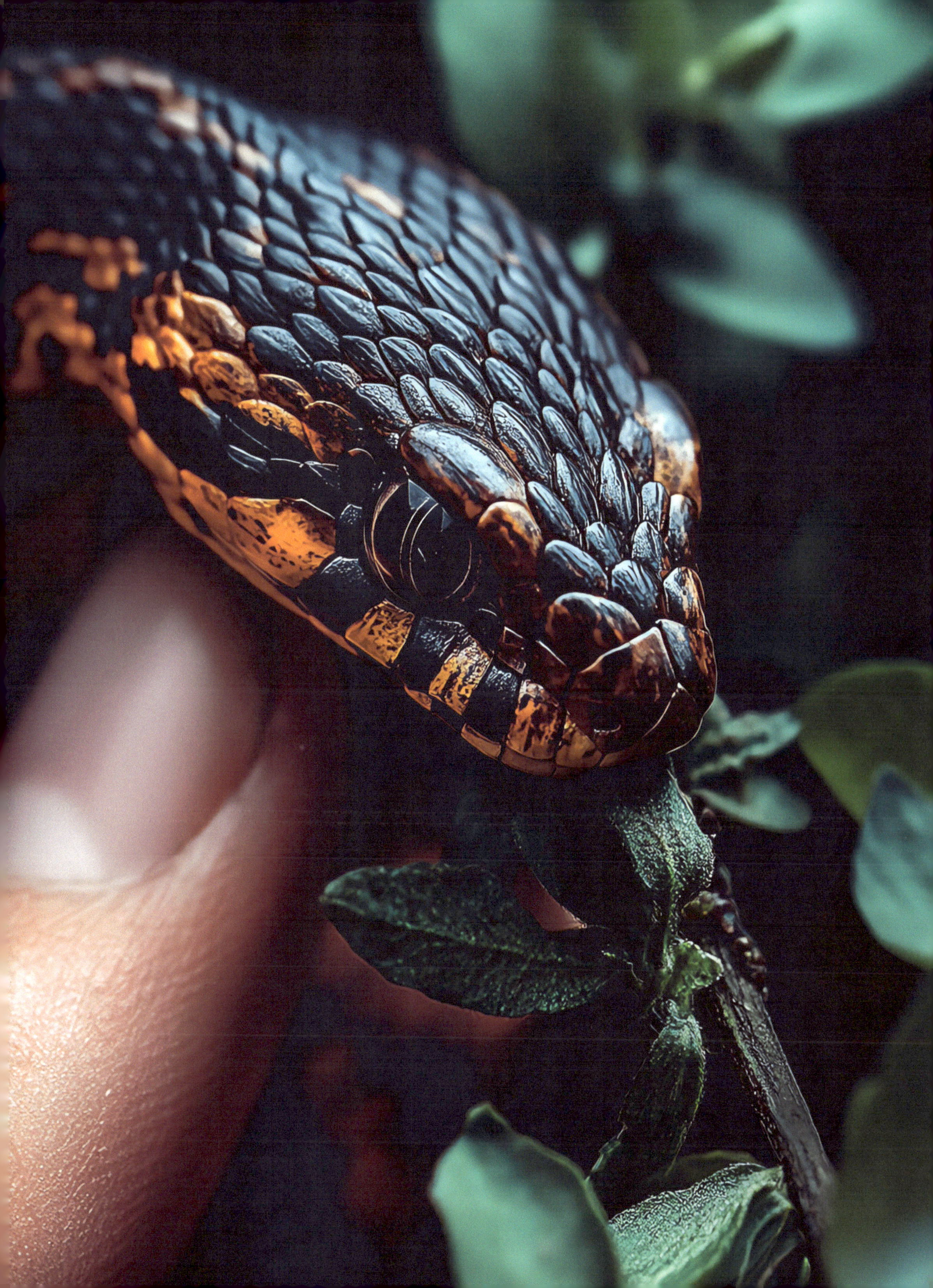

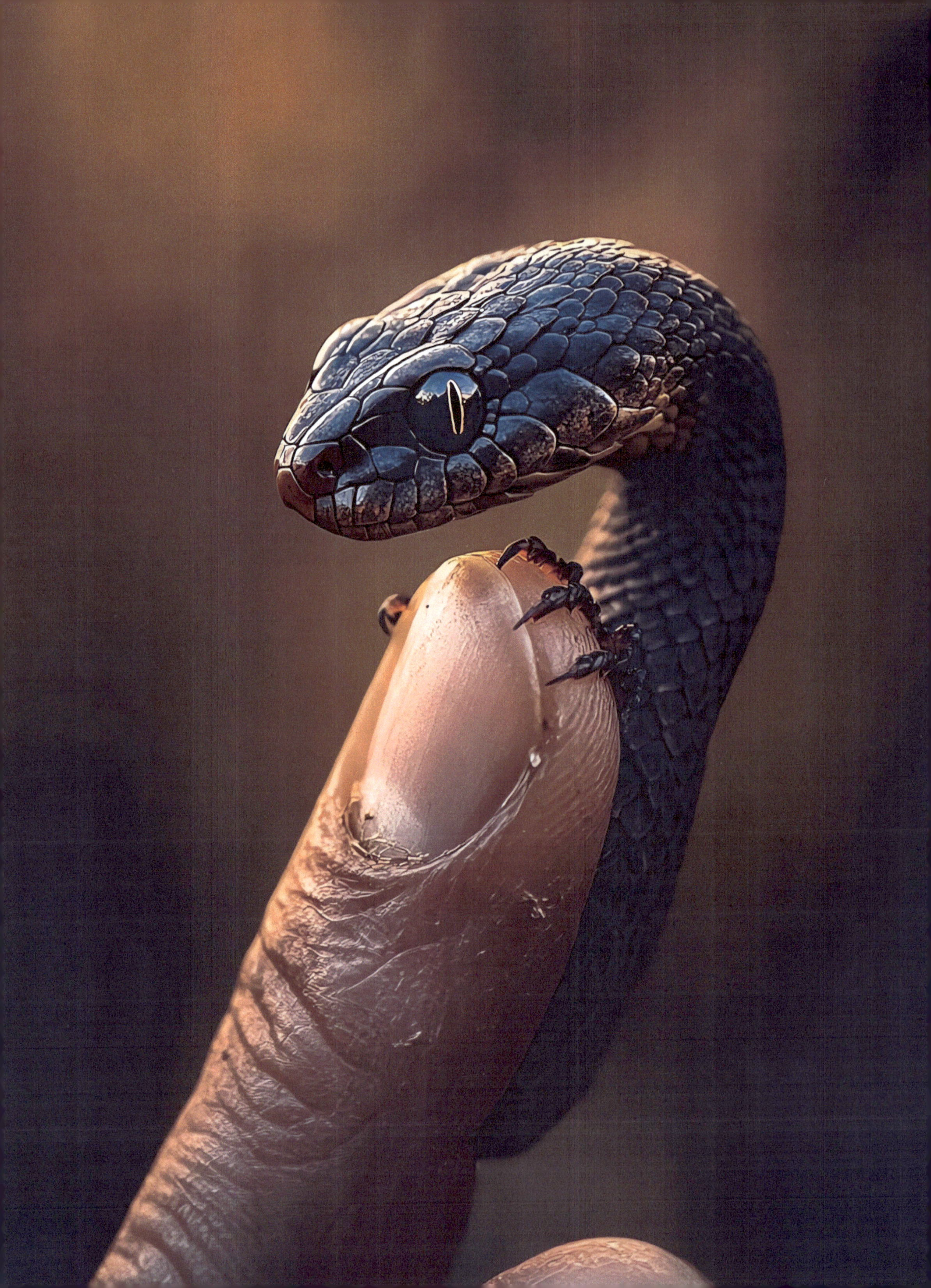

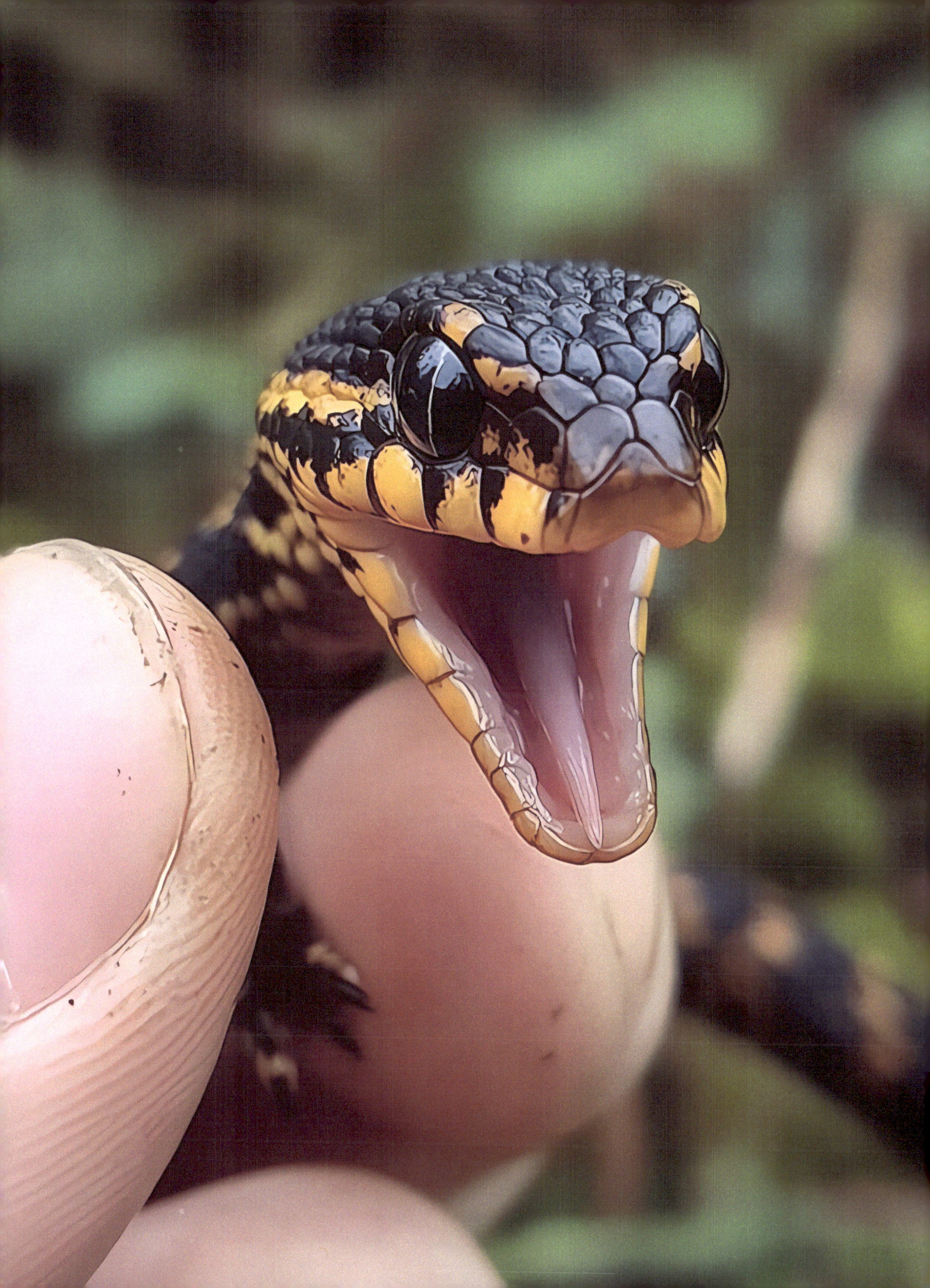

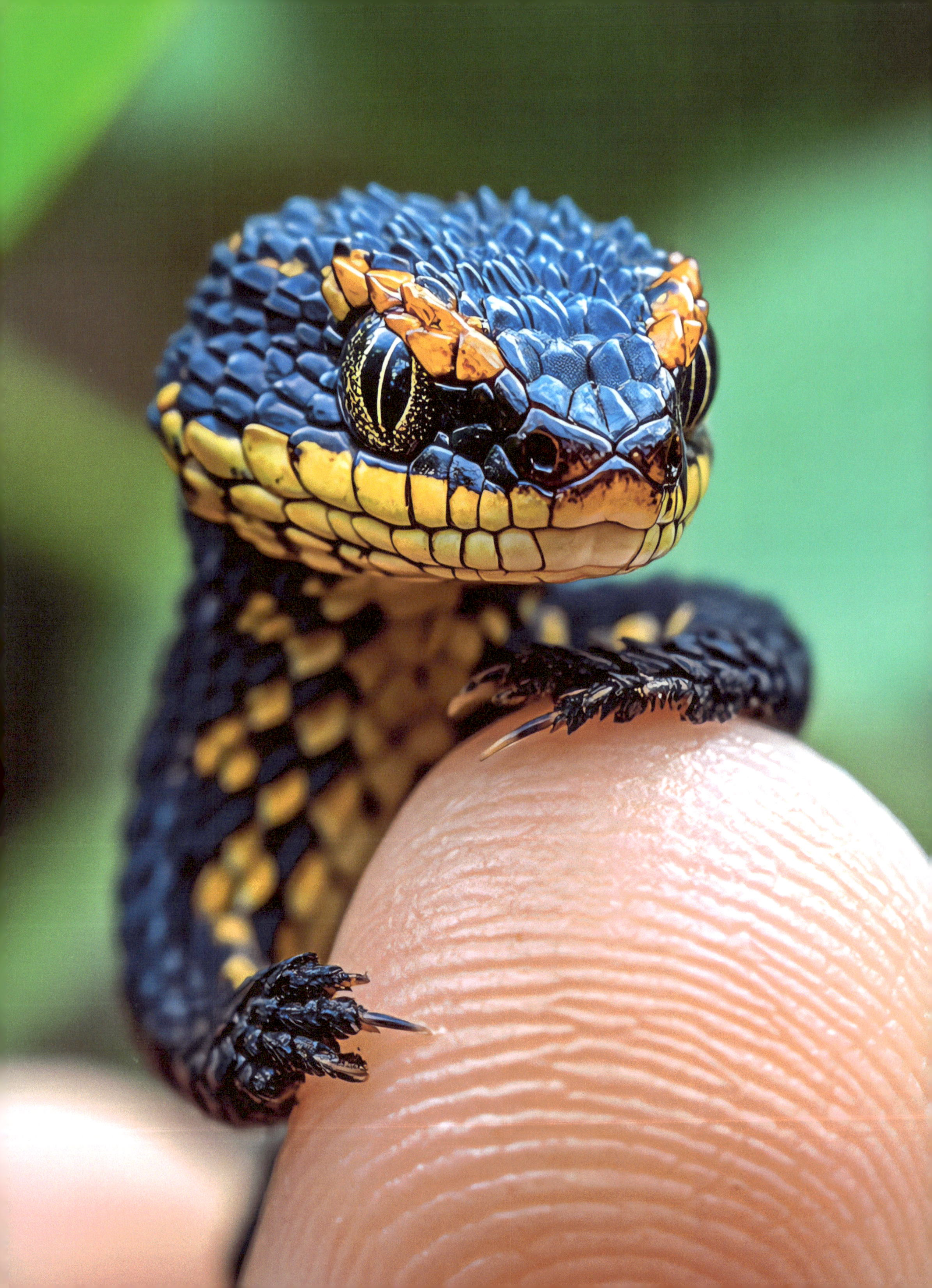

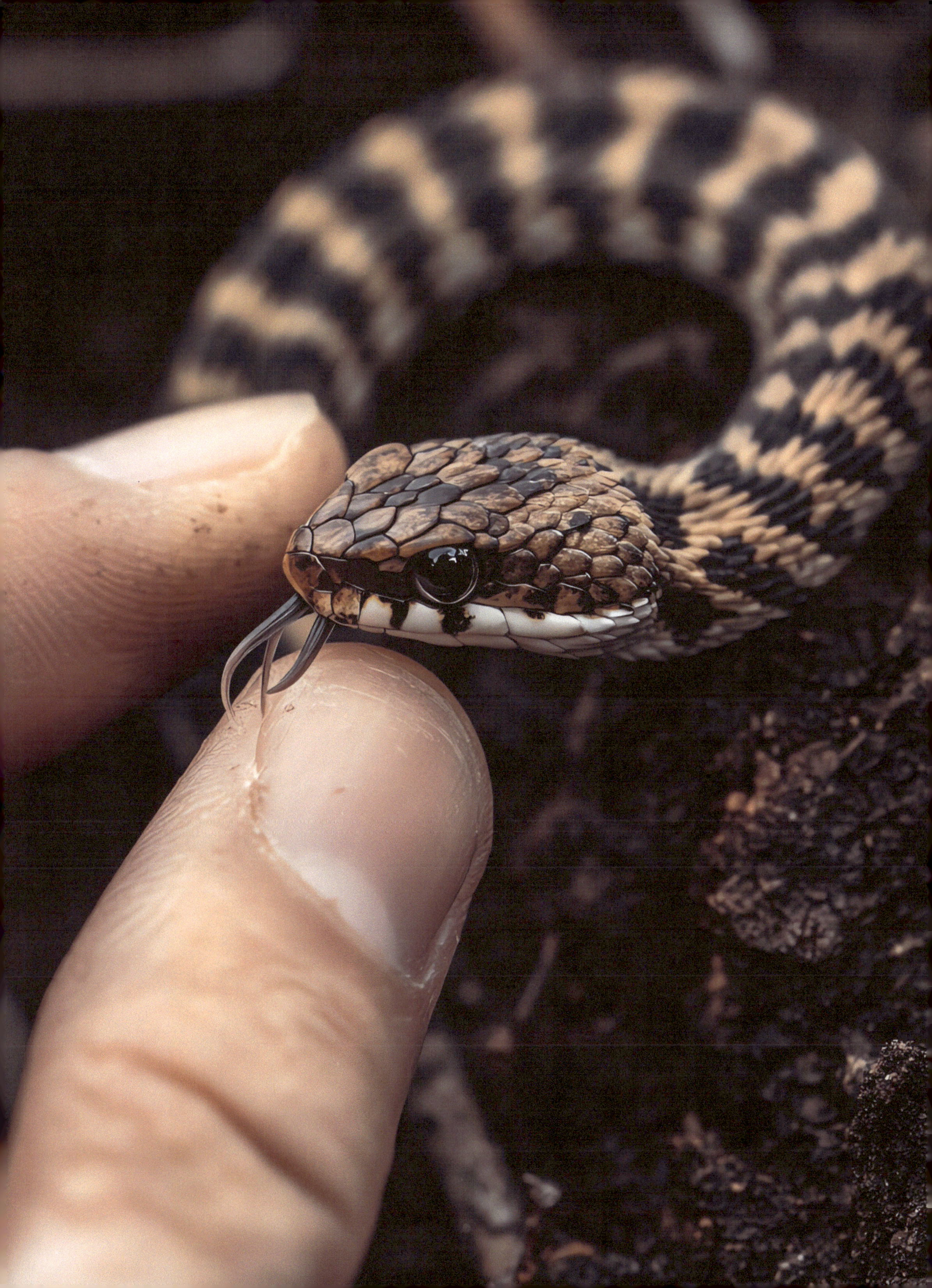

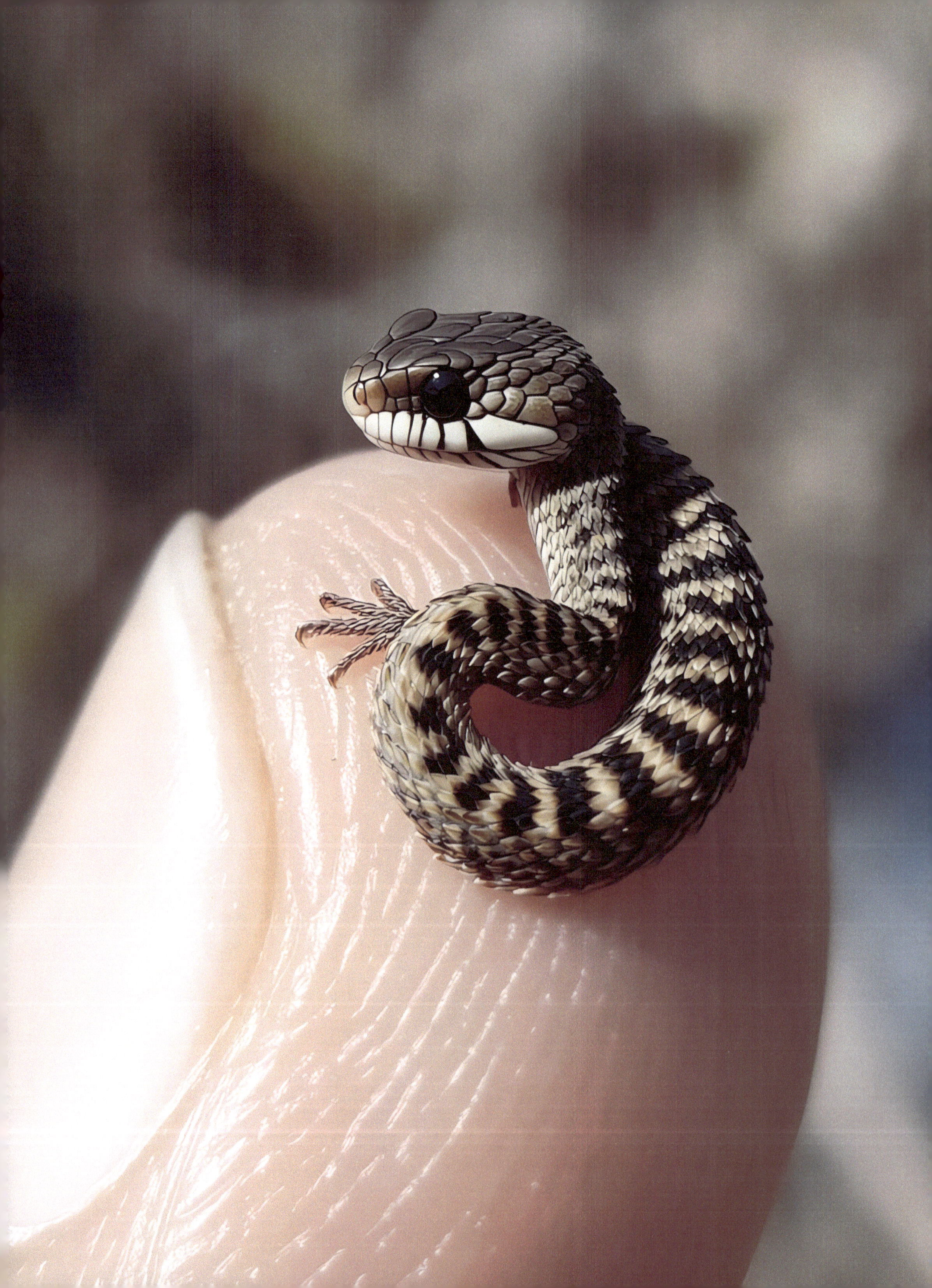

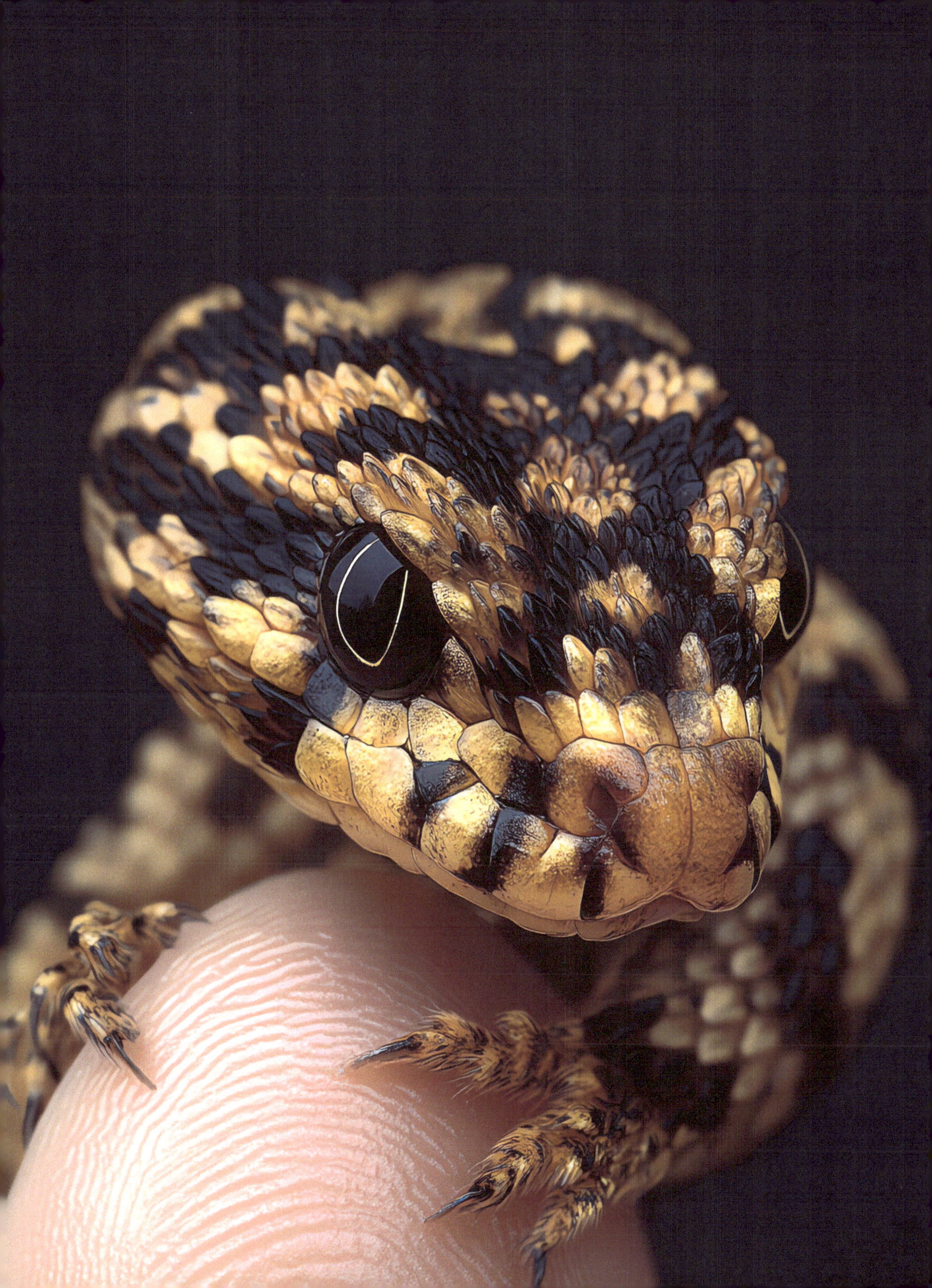

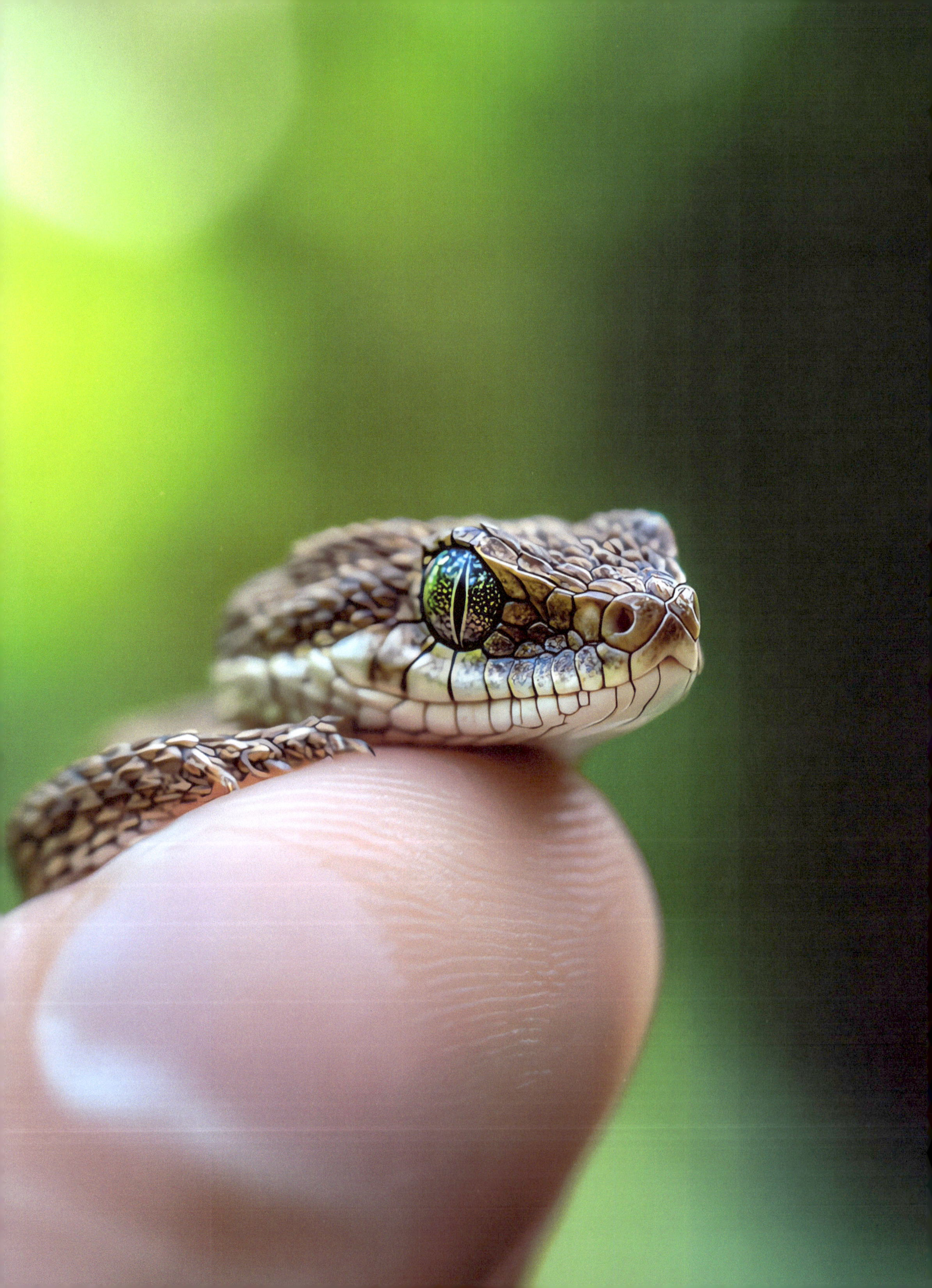

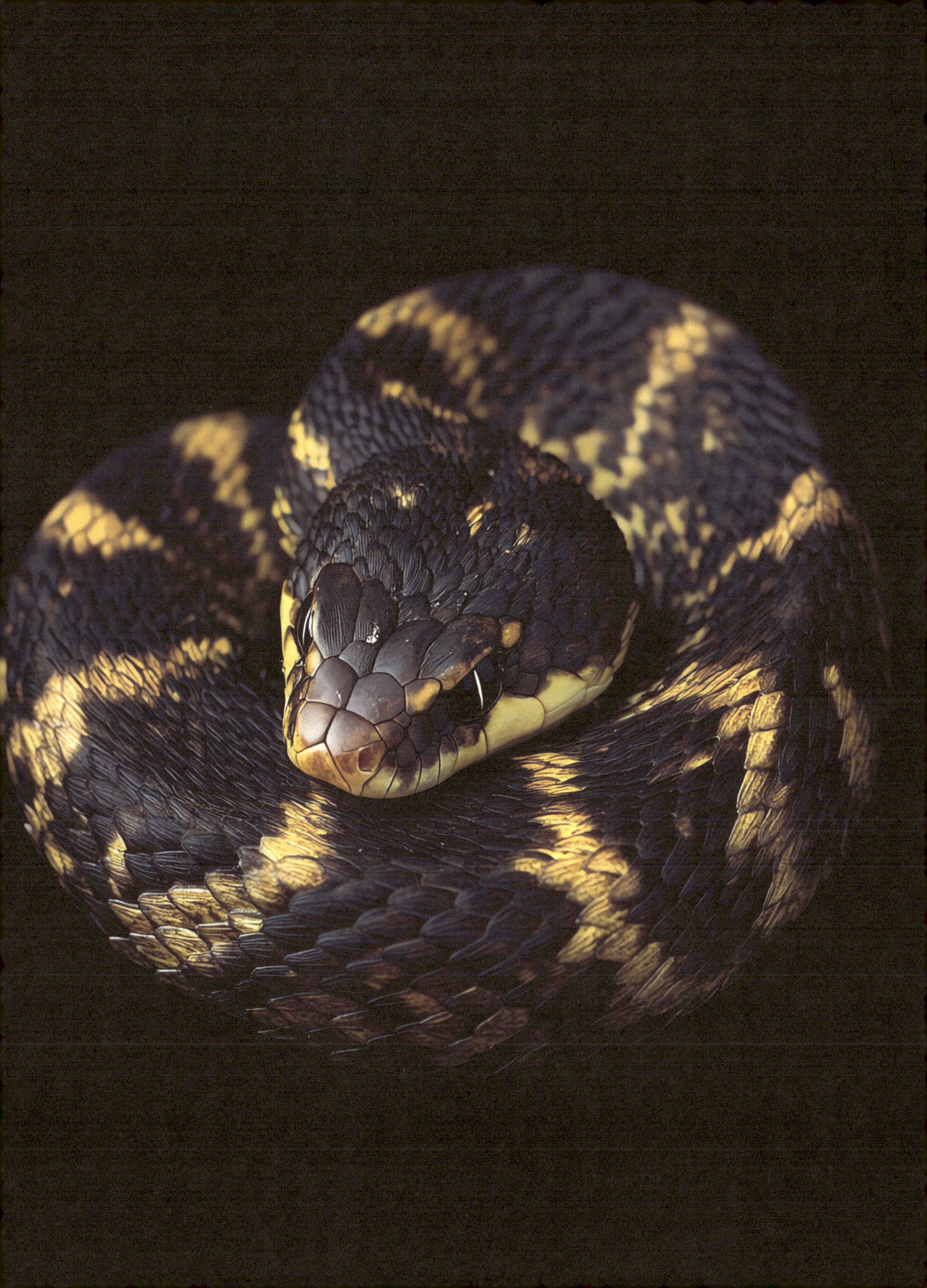

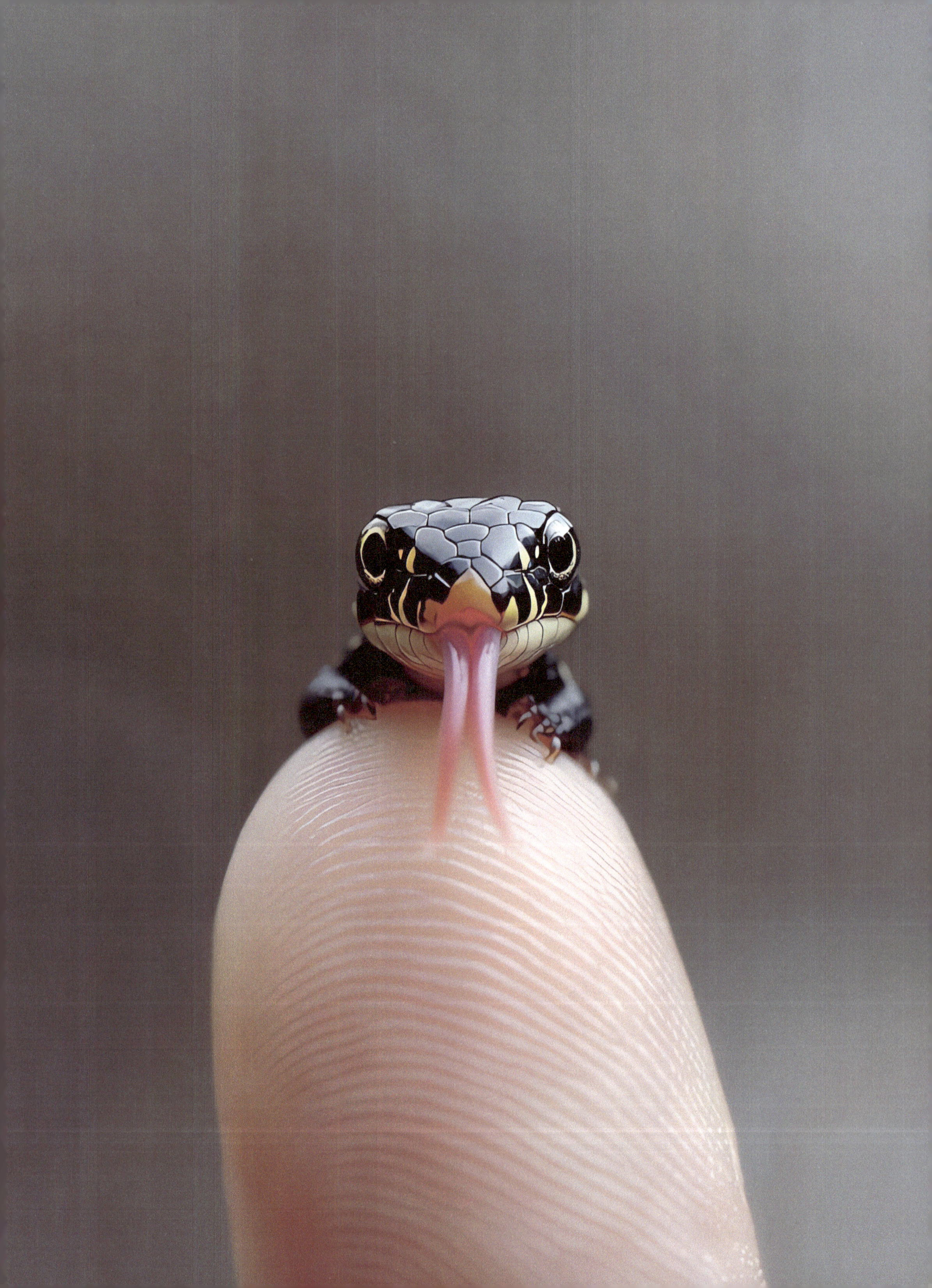

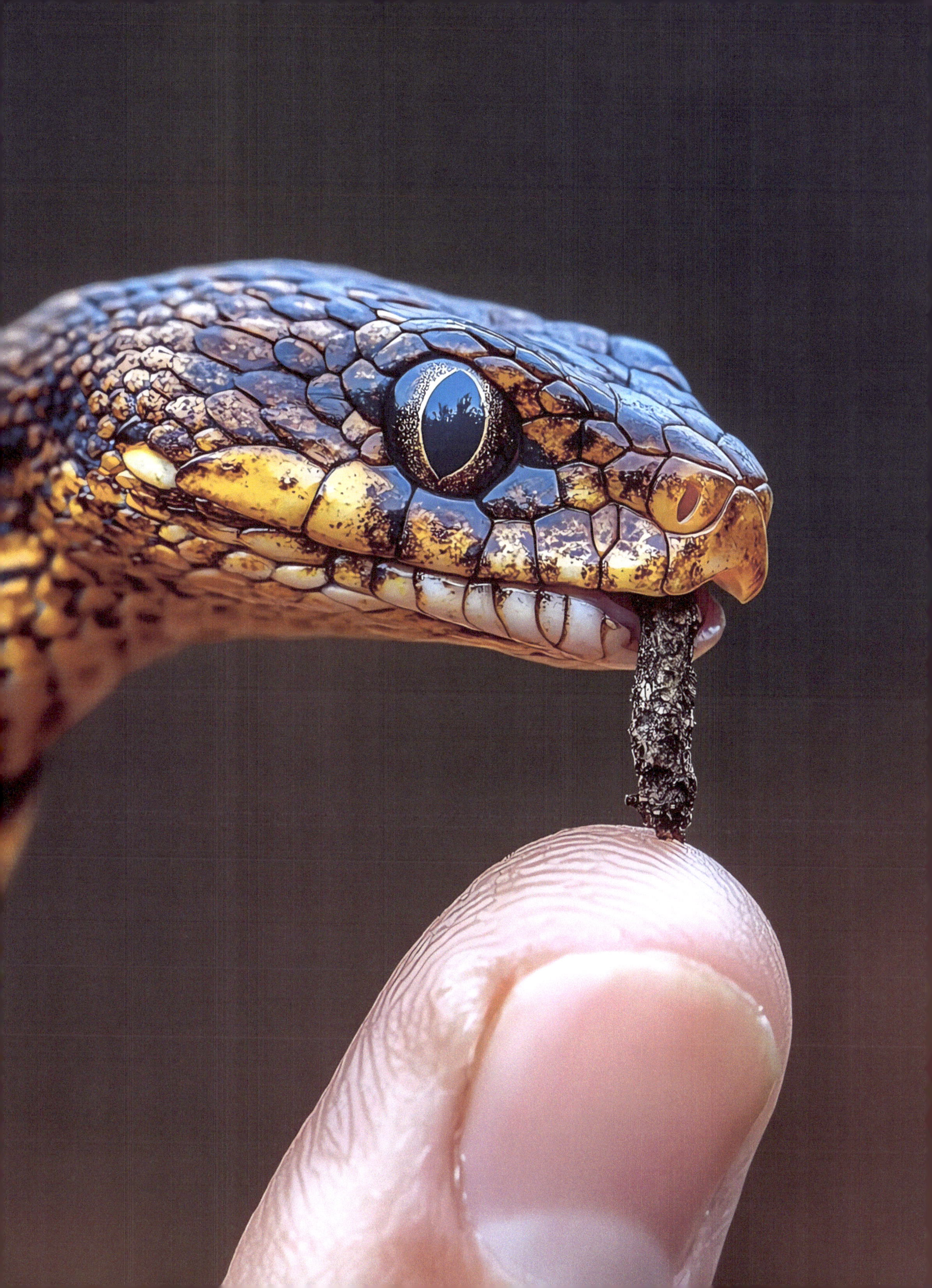

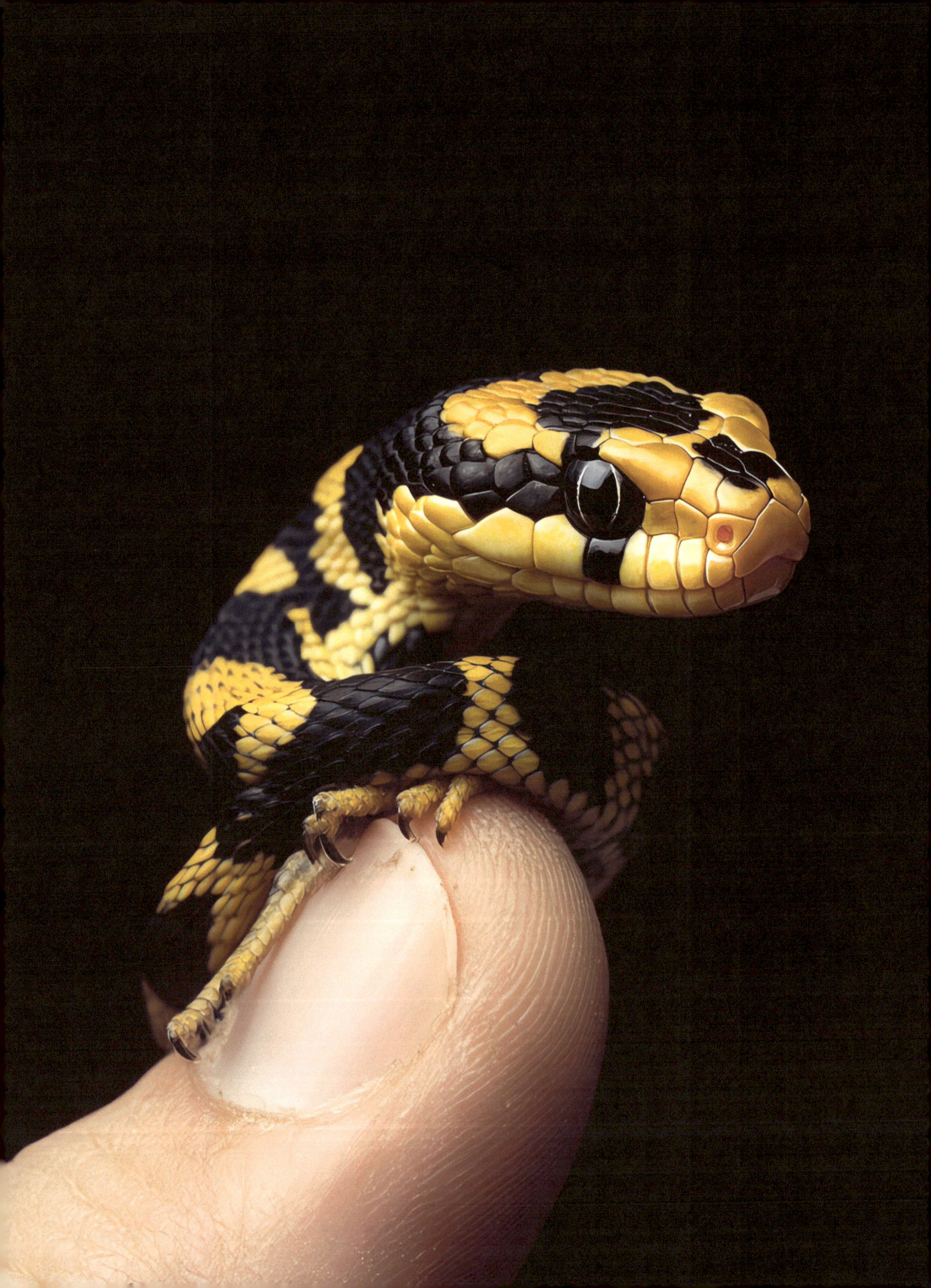

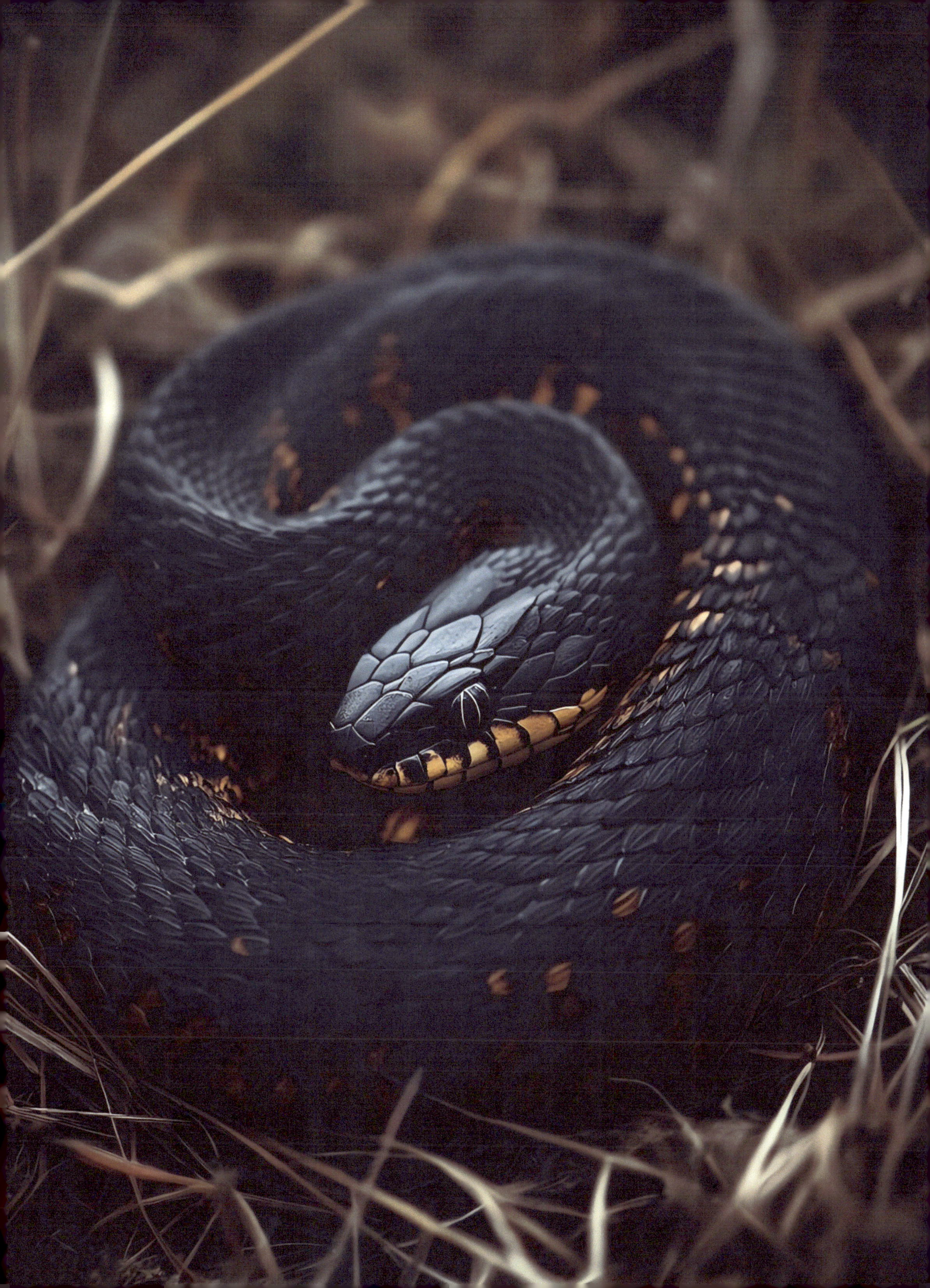

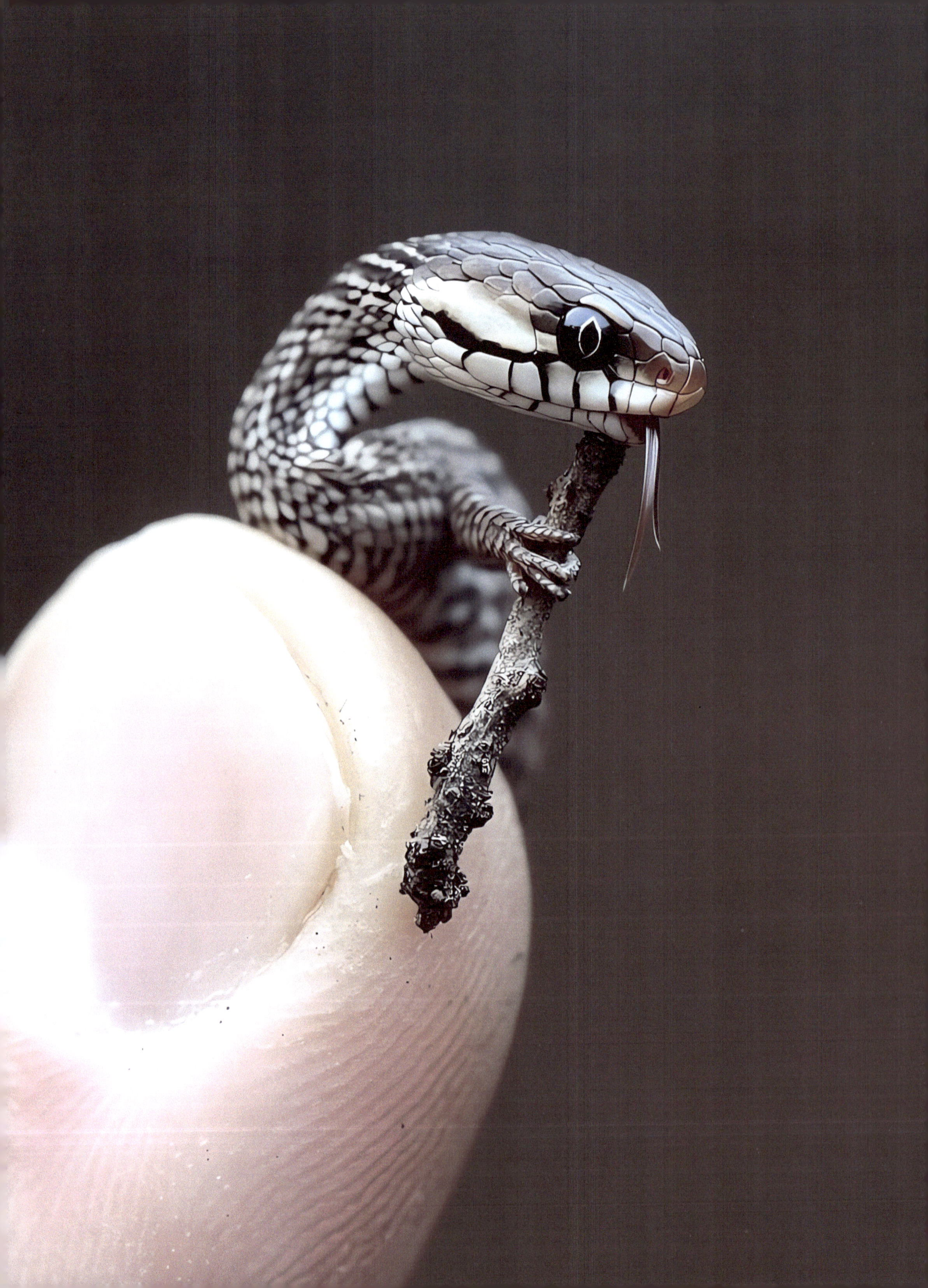

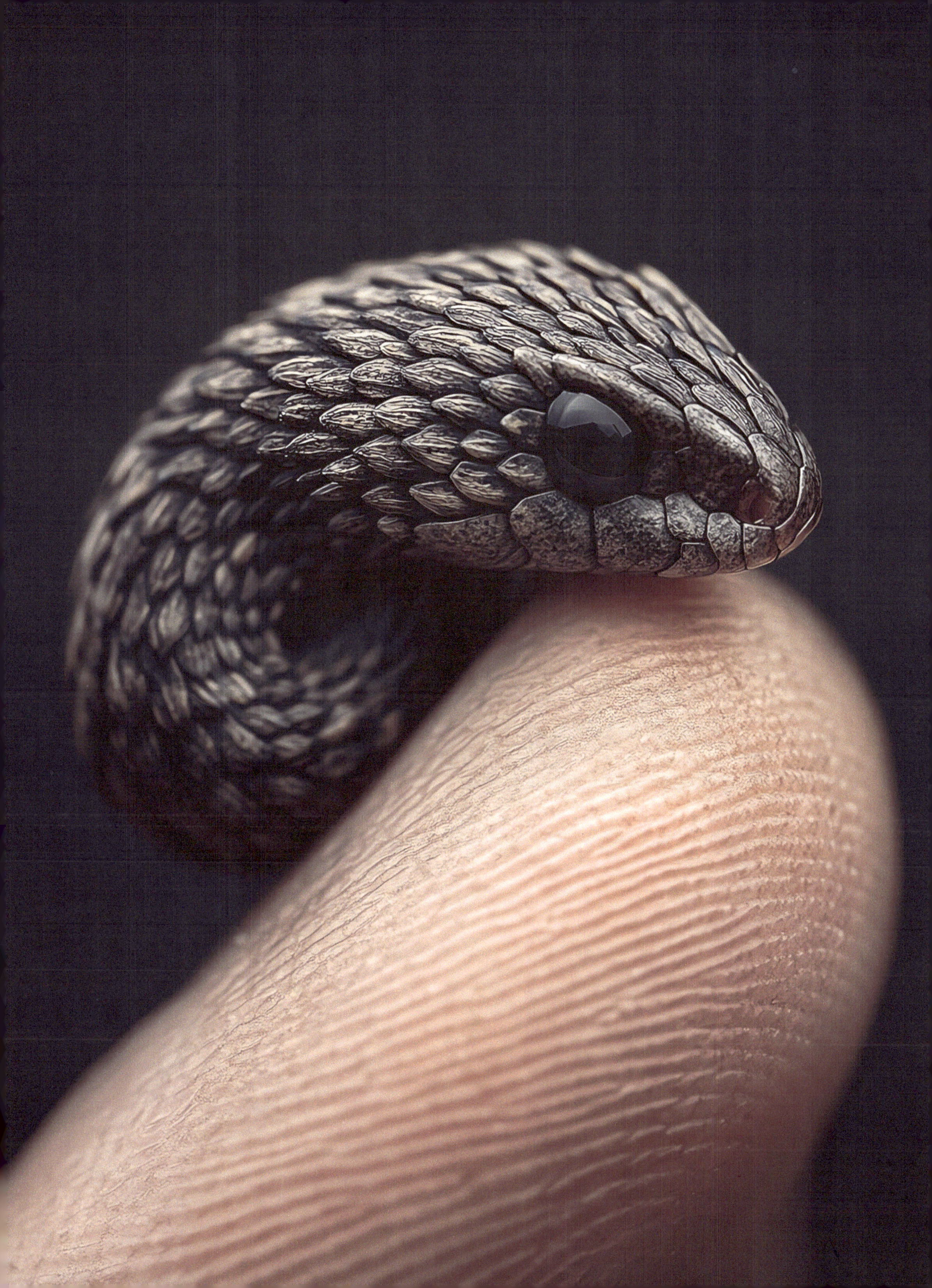

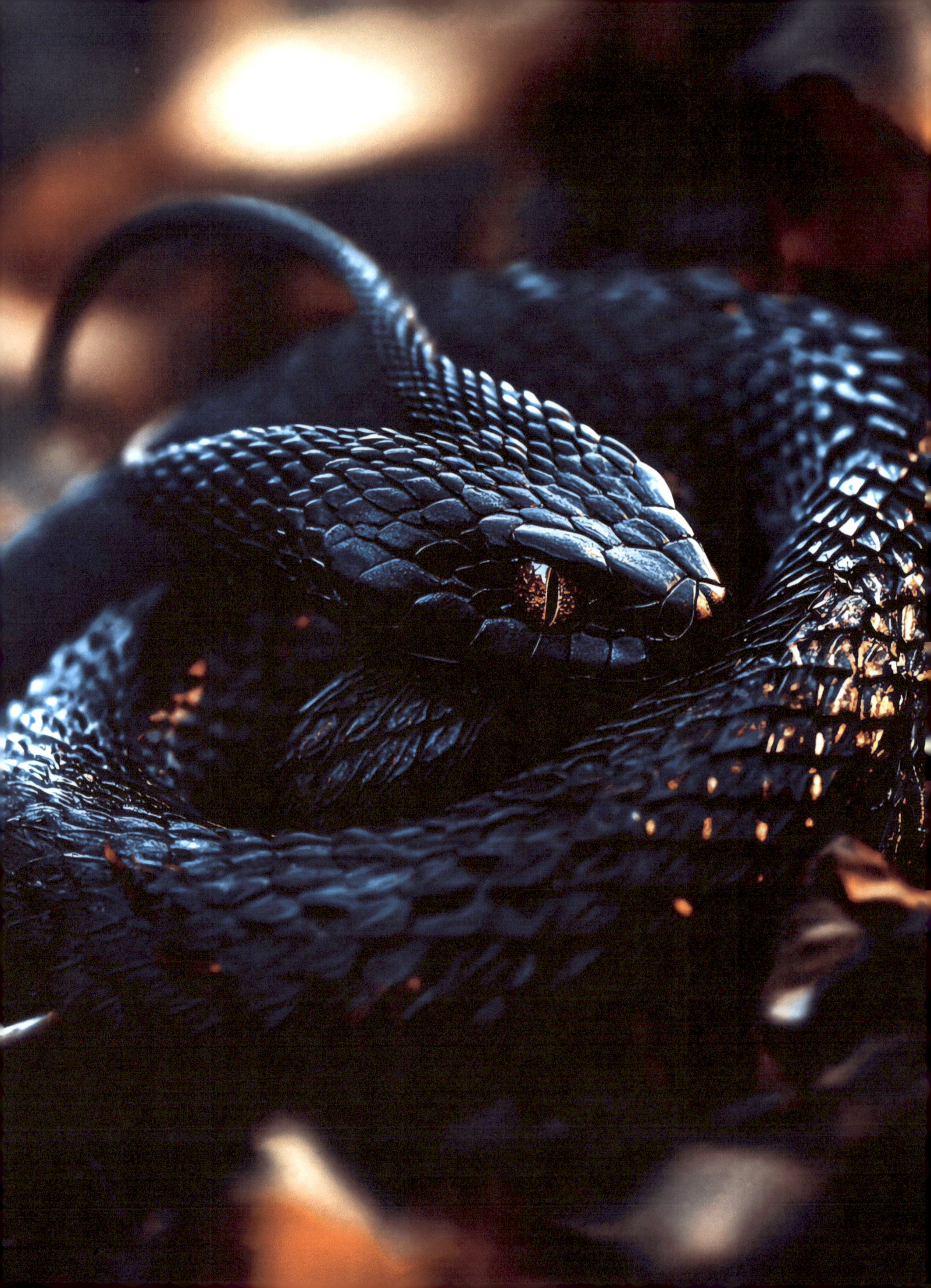

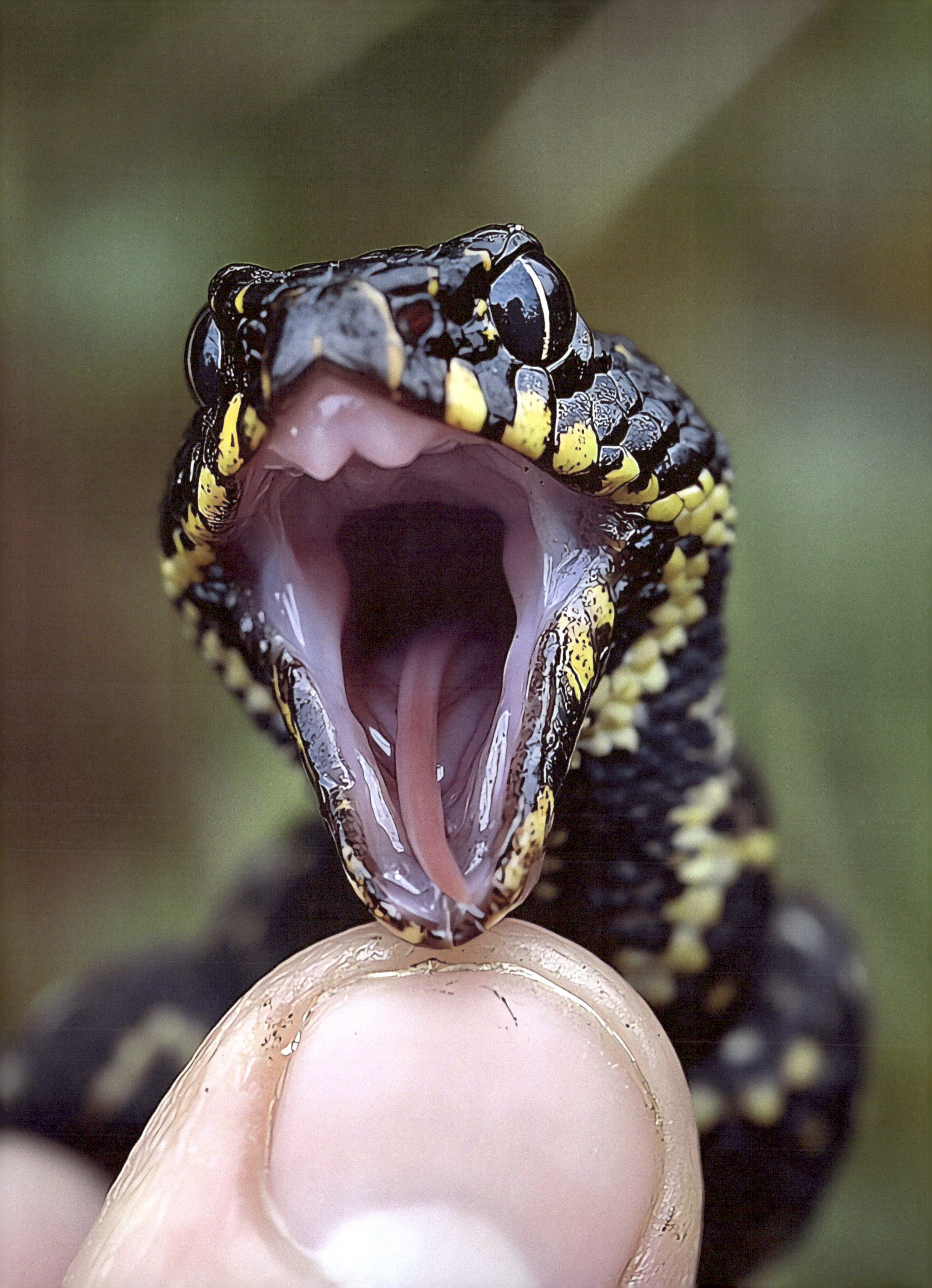

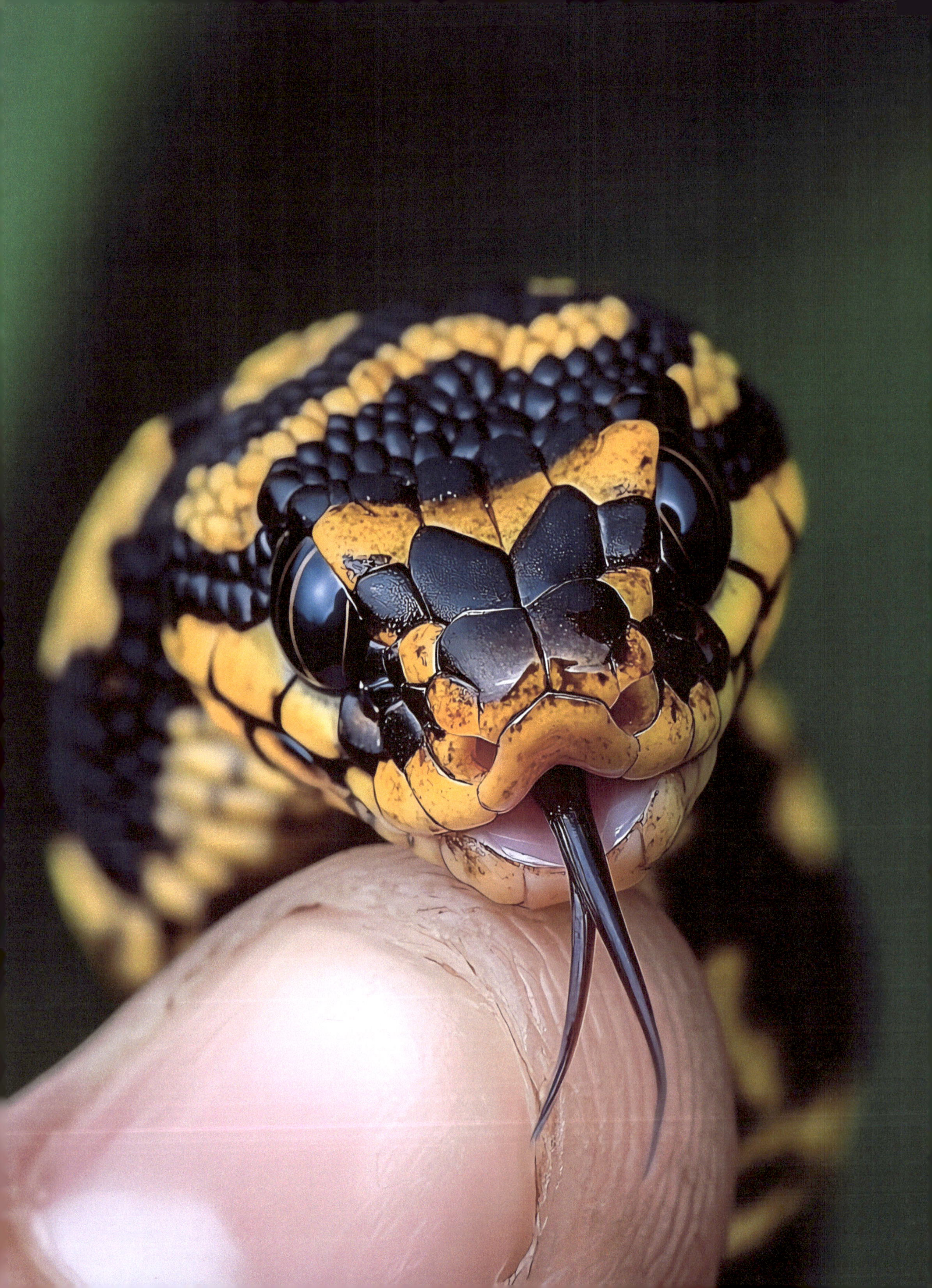

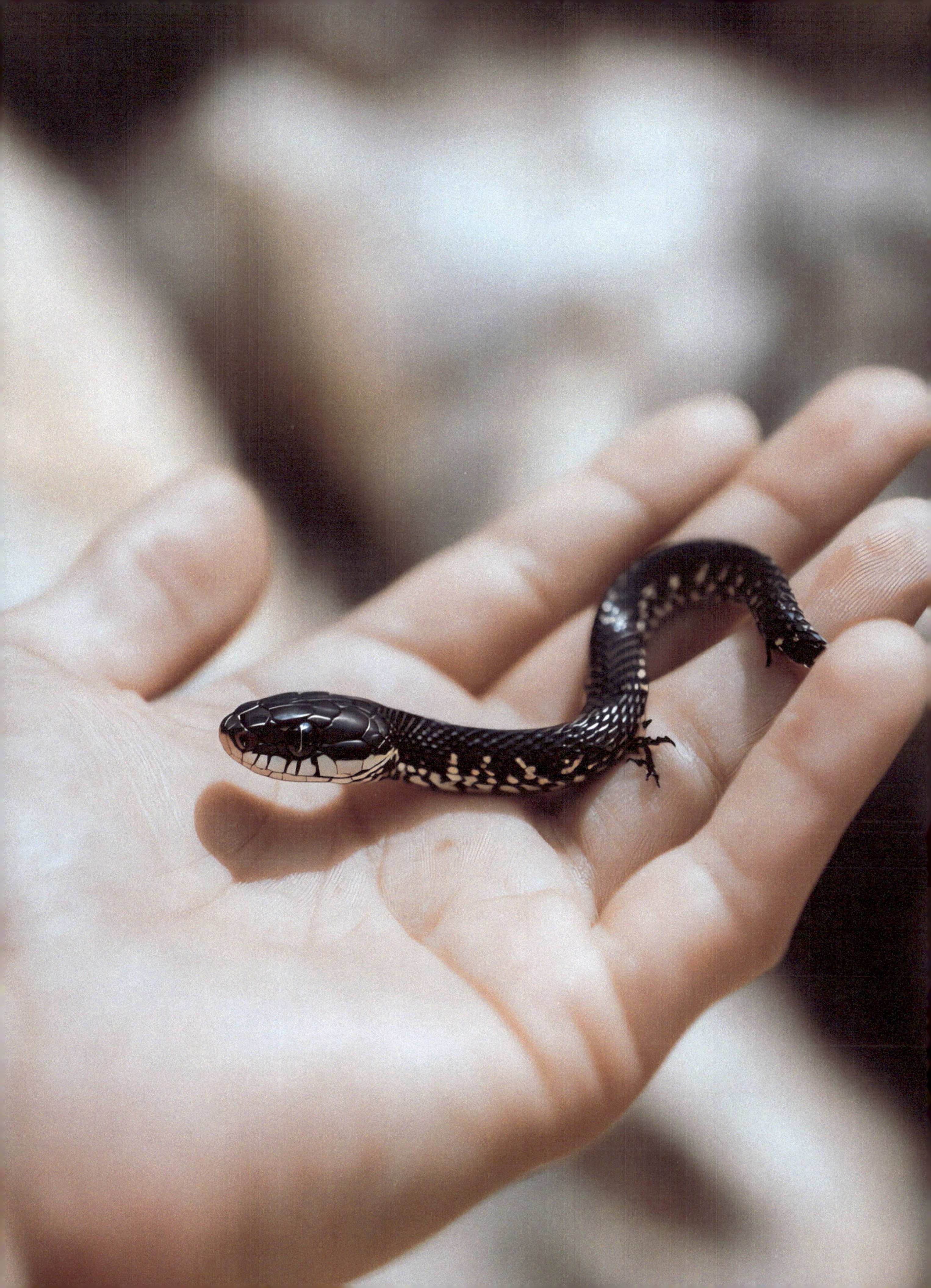

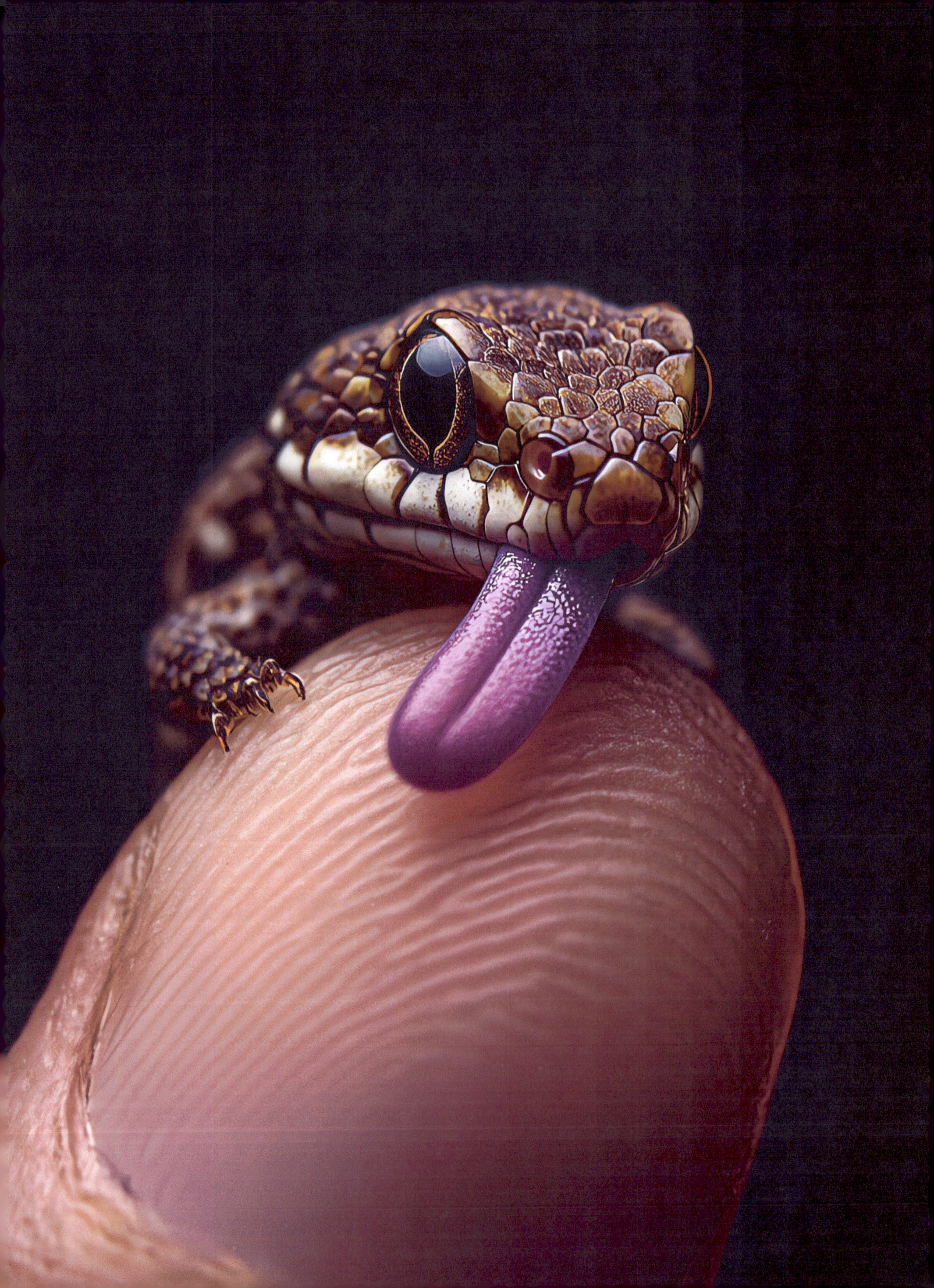

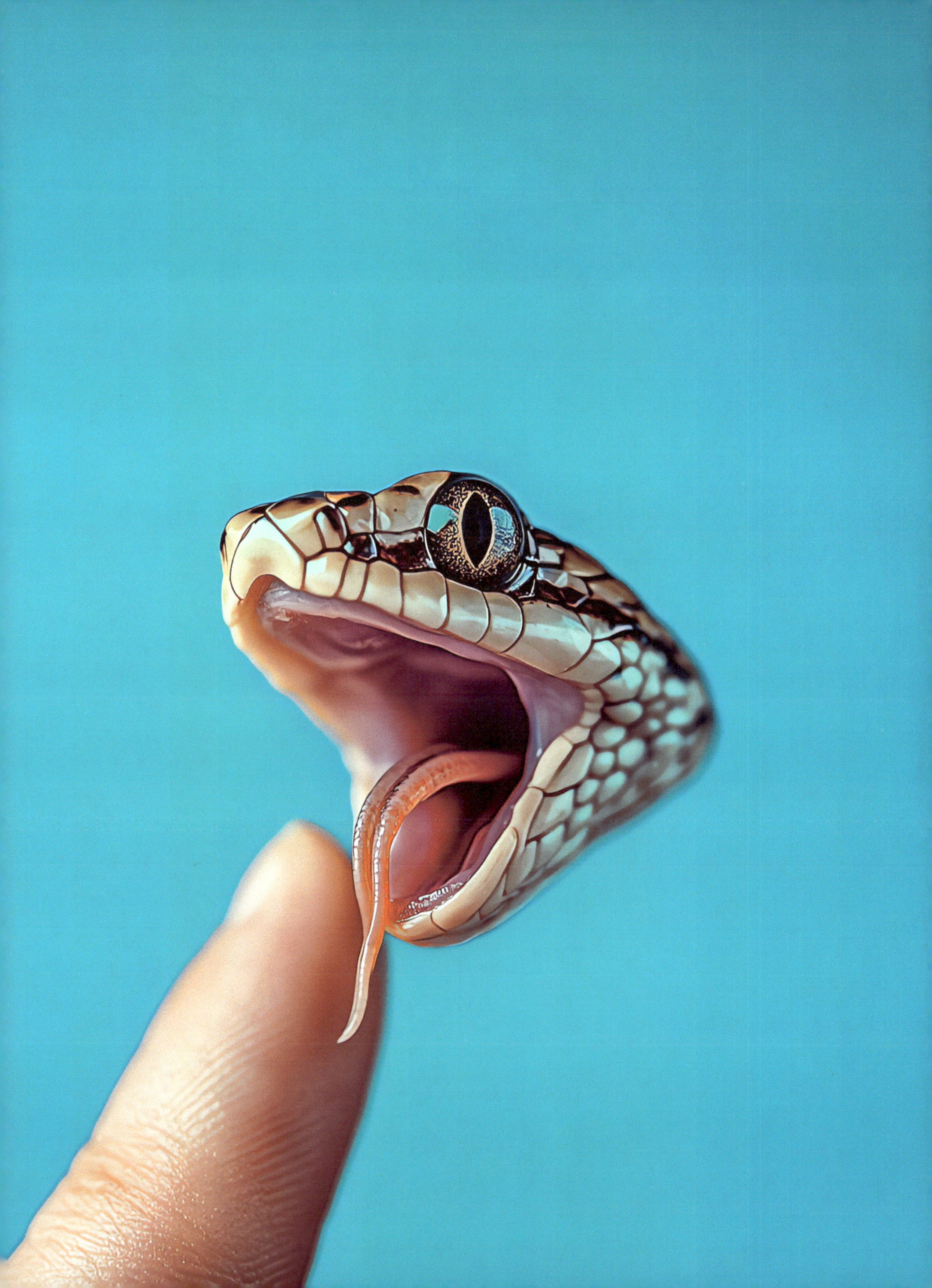

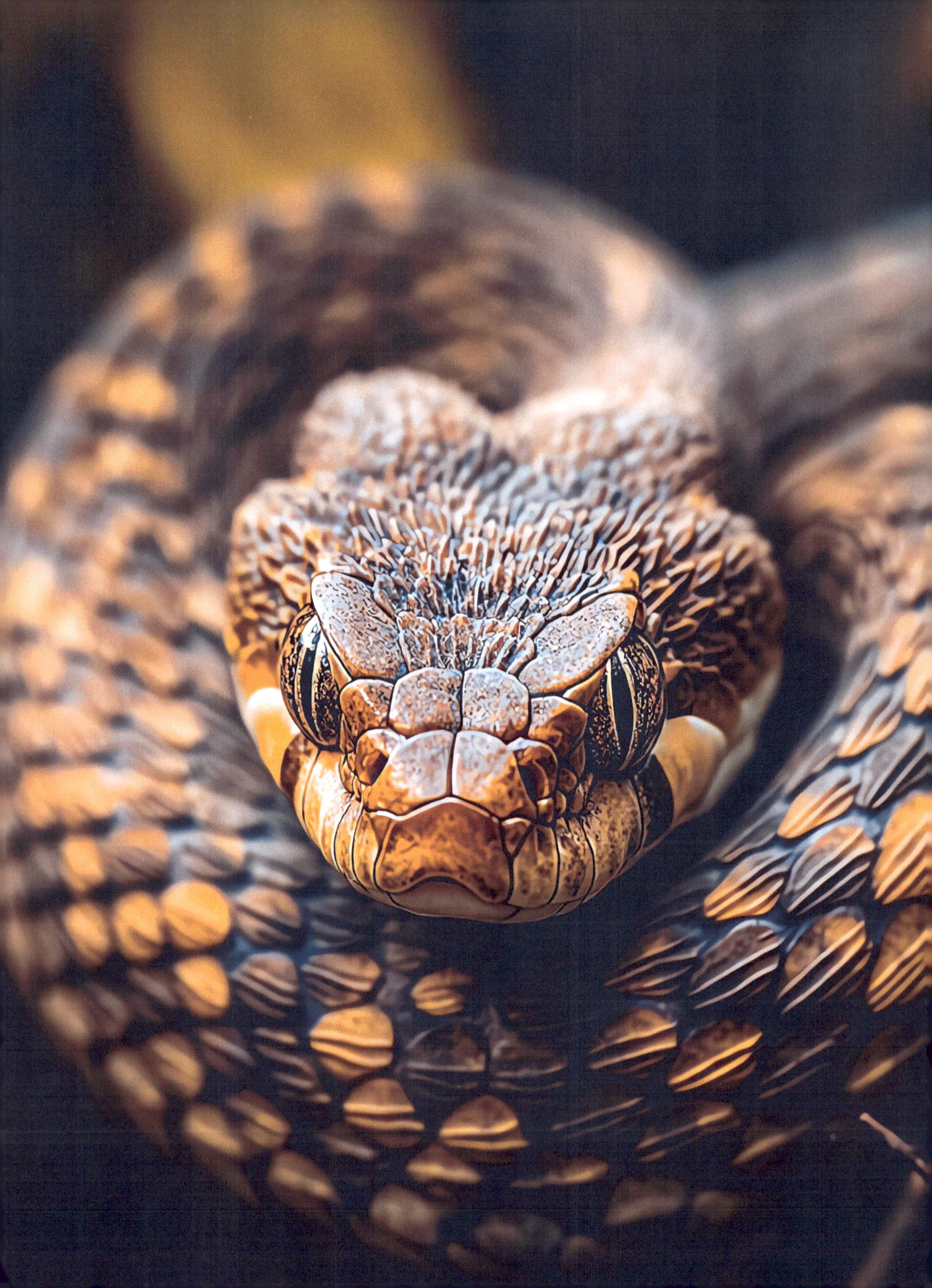

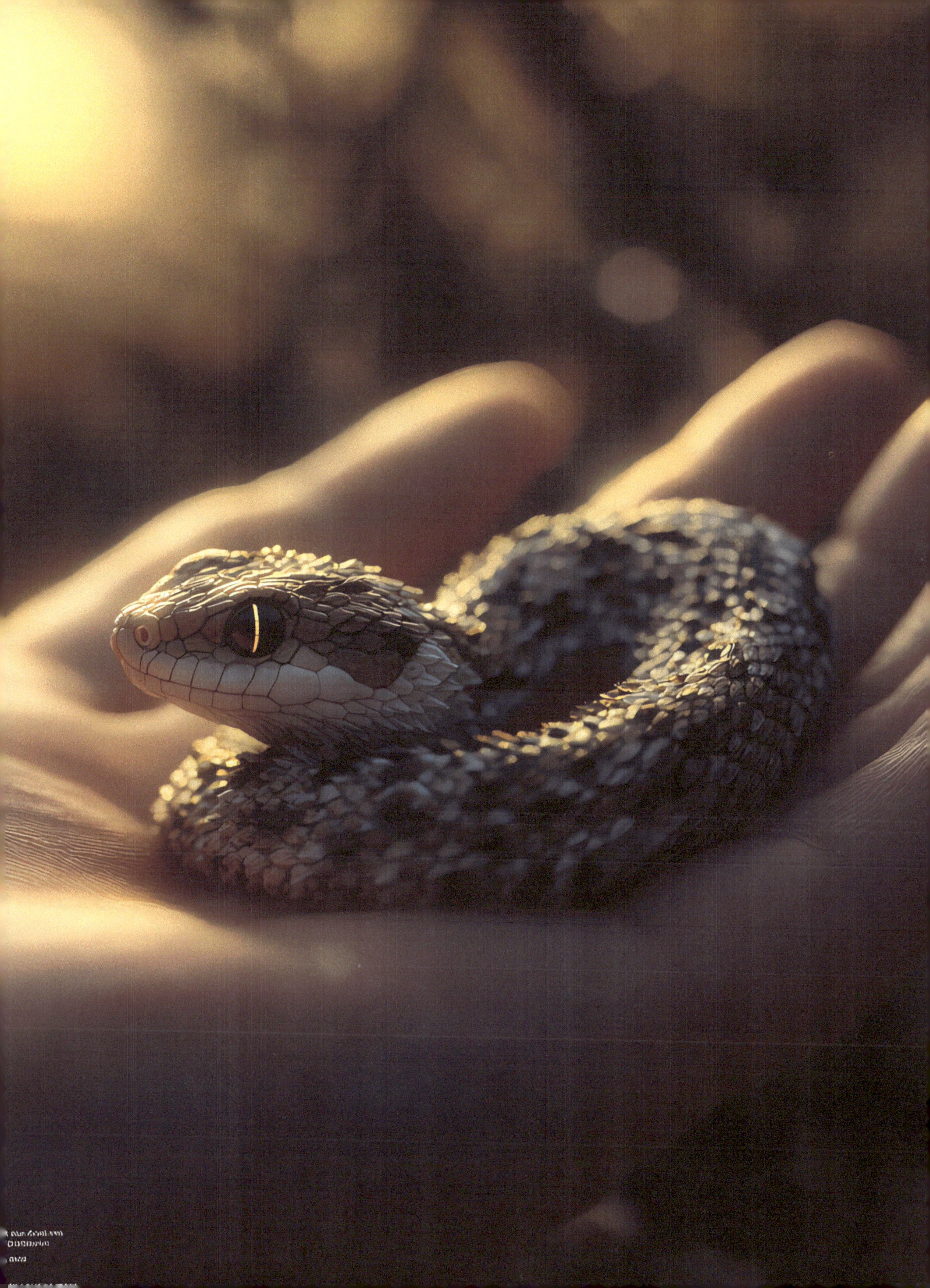

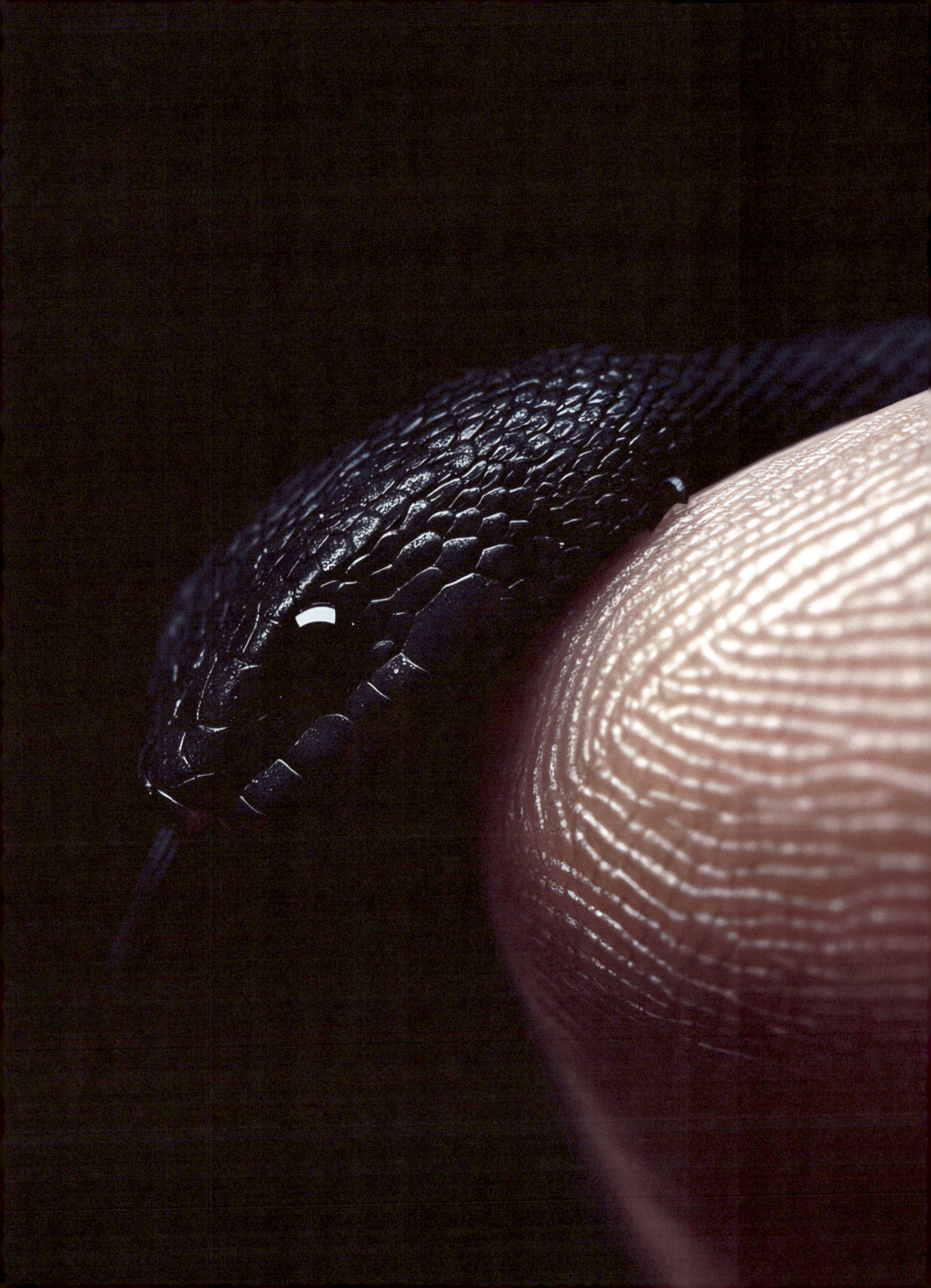

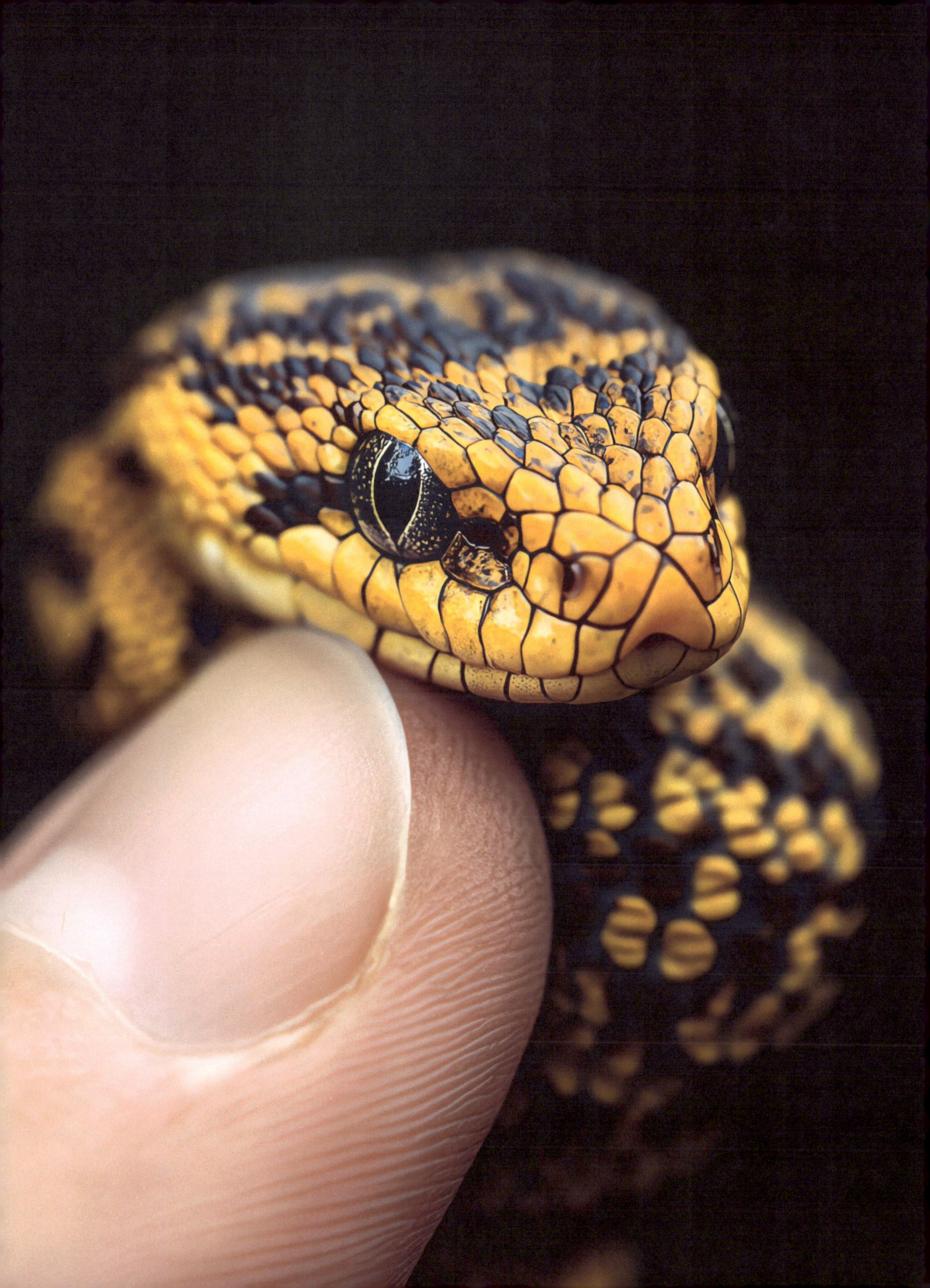

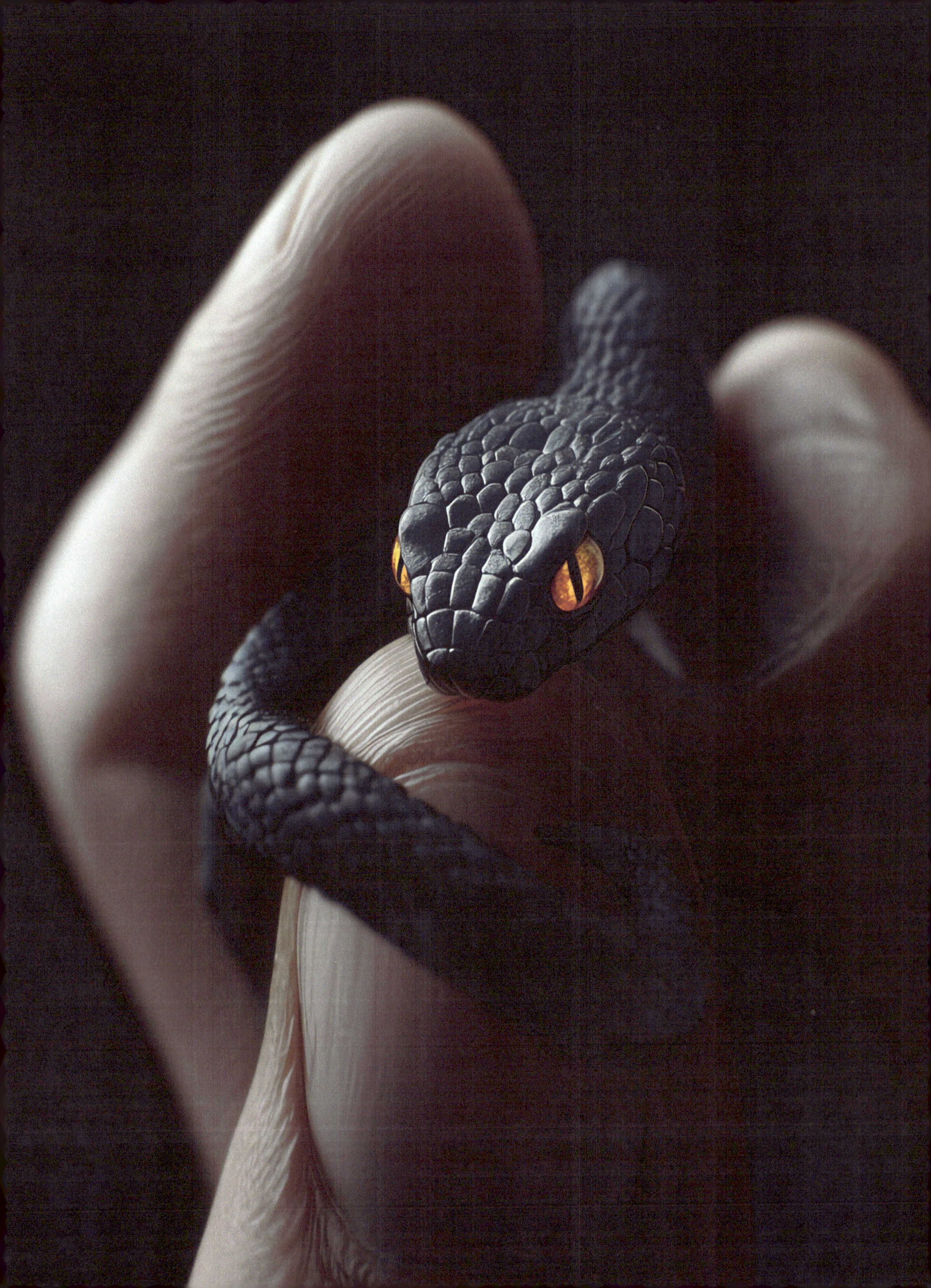

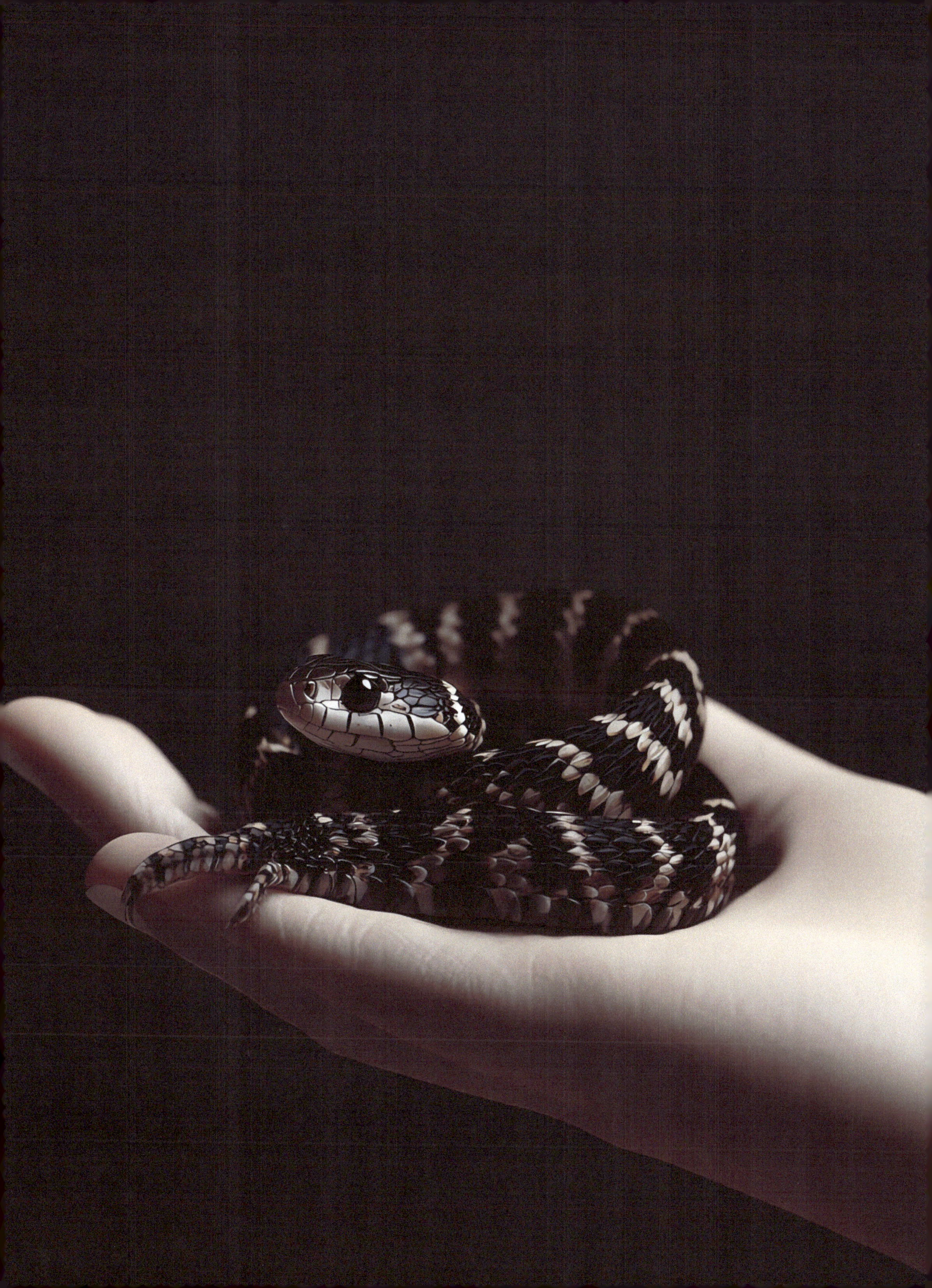

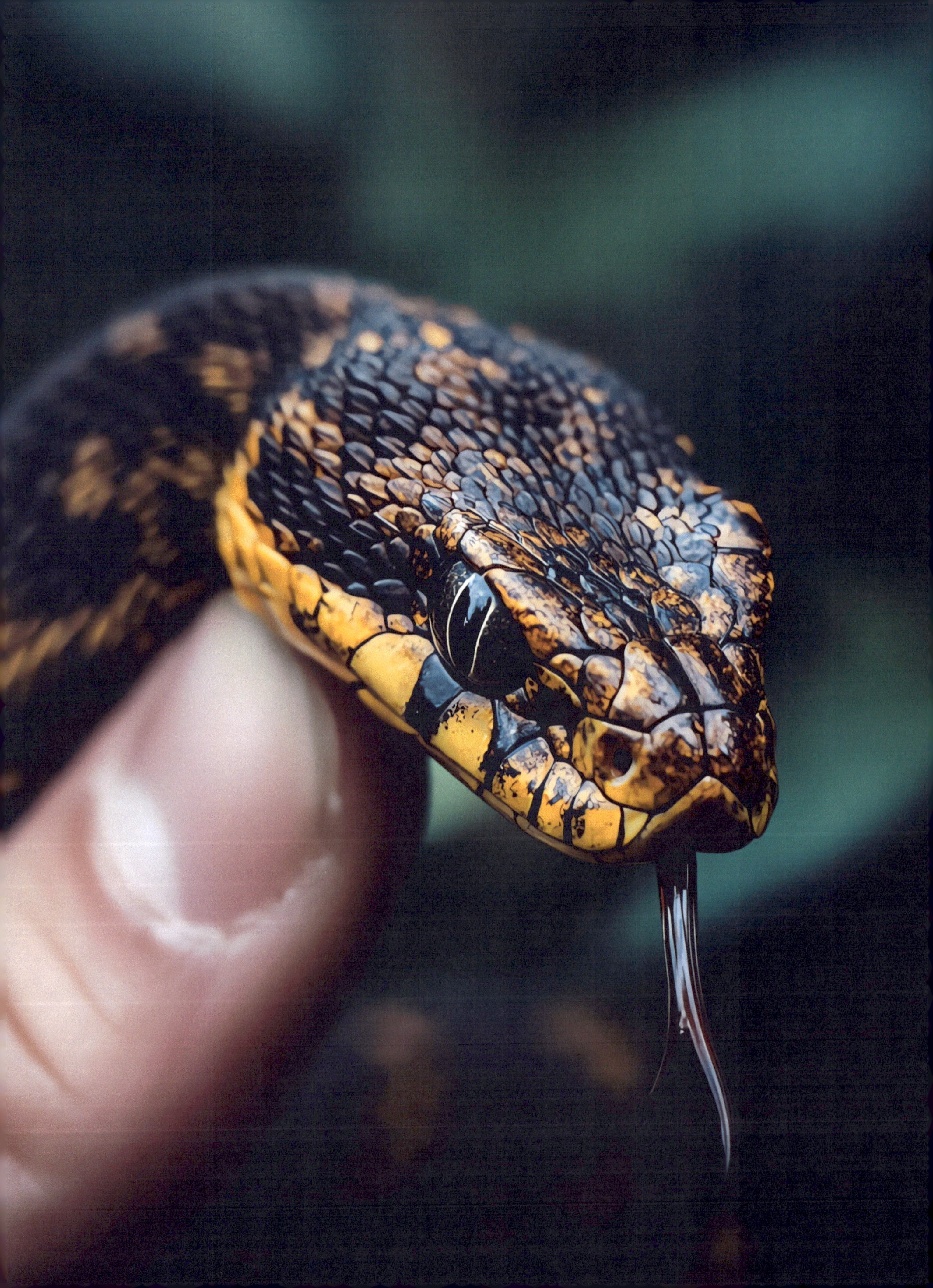

www.ingramcontent.com/pod-product-compliance
Lightning Source LLC
Chambersburg PA
CBHW040448220526
45473CB00004B/1564
* 9 7 9 8 3 0 1 6 9 5 1 2 4 *